Frank Brosow Hume

Vielen Philosophen gilt die Vernunft als ein besonderes Vermögen, das den Menschen weit über den Rest der Natur erhebt. David Hume hingegen betrachtet den Menschen als Teil der Natur und die Vernunft als ein Prinzip der menschlichen Natur neben anderen. Für Hume ist die Vernunft zwar einerseits unverzichtbar für eine erfolgreiche Lebensführung, andererseits jedoch nur die »Sklavin der Affekte«. Damit will er sagen, dass die zentralen Entscheidungen nicht von der Vernunft, sondern vom Gefühl getroffen werden, dem die Vernunft lediglich zuarbeiten kann. Einzige Aufgabe der Vernunft ist es, zwischen Wahrheit und Irrtum zu unterscheiden. Indem Hume bestreitet, dass sie über diese Aufgabe hinaus irgendetwas anderes leisten, insbesondere aus sich selbst heraus zum Handeln motivieren kann, entzaubert er die Vernunft, ohne sie jedoch zu bagatellisieren. Mit diesem Ansatz legt er den Grundstein für eine Theorie der menschlichen Natur, die seither aus den philosophischen Diskussionen seiner und unserer Zeit nicht mehr wegzudenken ist.

Frank Brosow, geboren 1977, ist wissenschaftlicher Mitarbeiter am Philosophischen Seminar der Universität Mainz.

Thomas Zingelmann 22.8.21

Grundwissen Philosophie

Hume

von

Frank Brosow

Philipp Reclam jun. Stuttgart

RECLAM TASCHENBUCH Nr. 20334

Reihengestaltung Grundwissen Philosophie:
Gabriele Burde
Umschlagabbildung vorn: David Hume,
Gemälde von Allan Ramsay (1713–1784)
Umschlagabbildung hinten: © Axel Stöckel
Satz: Steffi Glauche, Leipzig
Druck und Bindung: Reclam, Ditzingen
Printed in Germany 2011
RECLAM ist eine eingetragene Marke
der Philipp Reclam jun. GmbH & Co. KG, Stuttgart
ISBN 978-3-15-020334-7

www.reclam.de

Inhalt

Für Zerobabel MacGilchrist

Einleitung: Was macht einen philosophischen Klassiker aus?

Es bedarf keiner Rechtfertigung, in einer Reihe, die sich der Vermittlung von philosophischem Grundwissen verschrieben hat, einen Band über David Hume (1711–1776) zu publizieren. Hume gilt vielen Philosophiehistorikern weltweit als der bedeutendste Denker des englischen Sprachraums. Immanuel Kant (1724–1804) gibt an, erst Hume habe ihn aus seinem dogmatischen Schlummer geweckt. Arthur Schopenhauer (1788–1860) zufolge ist aus einer Seite der humeschen Werke mehr zu lernen als aus allen Schriften Hegels, Herbarts und Schleiermachers zusammen. Hegel (1770–1831) selbst schließt sich diesem Urteil zwar nicht an, sieht in Hume jedoch immerhin einen der beiden Ausgangspunkte der deutschen Philosophie.[1]

Über Humes herausragende philosophiehistorische Bedeutung besteht also breite Einigkeit. Ungeachtet dessen ist sein Bekanntheitsgrad in der Bevölkerung nicht sonderlich hoch. Und so stellt sich die Frage, was es *bedeutet*, jemandem den Status eines philosophischen Klassikers zuzuerkennen.

Ein Außenstehender, der sich zum ersten Mal mit Philosophie beschäftigt, kann leicht den Eindruck gewinnen, dass Philosophen seit über zweitausend Jahren über dieselben Probleme diskutieren, ohne jemals zu einem Ergebnis im Sinne einer von allen anerkannten Lösung zu gelangen. Es wäre jedoch ein Fehler, aus der Vielzahl der noch heute diskutierten Lösungsansätze auf die generelle Fruchtlosigkeit philosophischer Überlegungen zu schließen. Einer derartigen Denkweise liegt ein grundsätzliches Missverständnis der Ziele und Zwecke philosophischen Denkens zugrunde. Dieses Missverständnis lässt sich vielleicht am besten an einem Beispiel aus dem Alltag veranschaulichen:

Stellen Sie sich vor, Sie fragen in einer fremden Stadt verschiedene Passanten nach dem Weg zum Bahnhof. Wahrscheinlich werden Sie eine Vielzahl verschiedener Antworten erhalten. Aber würden Sie aus dieser Tatsache folgern, dass keiner der Gefragten den Weg zum Bahnhof kennt, dass sich die genaue Position des Bahnhofs nicht zuverlässig ermitteln lässt oder dass die Stadt am Ende vielleicht gar keinen Bahnhof hat? Sicher nicht.

Der offensichtlichste Grund für die Unterschiede zwischen den verschiedenen Wegbeschreibungen ist Ihr jeweiliger Standort. Wenn Sie auf dem Marktplatz nach dem Weg zum Bahnhof fragen, werden Sie andere Antworten erhalten, als wenn Sie dieselbe Frage am Stadtrand stellen. Bei genauerem Hinsehen werden Sie außerdem feststellen, dass viele der Wegbeschreibungen keine unterschiedlichen Wege beschreiben, sondern sich nur unterschiedlicher Begriffe oder Methoden bedienen, um denselben Weg zu beschreiben. Wenn Sie alle falschen oder ungenauen Wegbeschreibungen verworfen haben, die Sie nicht zu Ihrem Ziel, sondern stattdessen in eine Sackgasse oder vielleicht zum Busbahnhof führen, werden noch immer mehrere verschiedene taugliche Wegbeschreibungen übrig bleiben. Welche davon die beste ist, wird sich nicht eindeutig entscheiden lassen, denn der interessanteste Weg wird nur selten mit dem schnellsten, kürzesten oder einfachsten zusammenfallen, und die genauste Art der Wegbeschreibung ist meist nicht gleichzeitig auch die einprägsamste.

Die Pointe dieses Vergleichs ist die folgende: Natürlich müssen Sie nicht alle Wege und ihre unterschiedlichen Beschreibungsmöglichkeiten kennen, um zum Bahnhof zu gelangen. In der Praxis reicht es meist aus, sich einen einzigen möglichen Weg auf eine einzige Art beschreiben zu lassen. Aber solange Sie nur diesen einen Weg zum Bahnhof kennen und nur wenige Arten beherrschen, ihn zu beschreiben, können Sie nicht behaupten, sich in der Stadt tatsächlich *auszukennen*. Und wenn Sie schließlich nach aufwendigen Untersuchungen die nötige Ortskenntnis erworben haben, so lässt sich dieses Expertenwissen nicht in Form einfacher Antworten an andere weitergeben.

Genau hier liegt die Parallele zum Projekt der Philosophie. Als »Liebe zur Weisheit« geht es ihr darum, die Grenzen sinnvollen Denkens abzustecken und das Gebiet innerhalb dieser Grenzen möglichst vollständig und detailliert zu kartografieren. Dieses abstrakte Ziel lässt sich nur durch das Nachdenken über konkrete philosophische Fragestellungen erreichen. Die Beschäftigung mit Einzelproblemen ist dabei jedoch niemals reiner Selbstzweck, sondern immer auch ein Mittel zum übergeordneten Zweck, das menschliche Denken im Ganzen zu verstehen.

Aus diesem Grunde macht es wenig Sinn, einen Philosophiehistoriker nach der einen (objektiv) richtigen oder zumindest besten Antwort auf die Frage nach dem Wesen der Kausalität, der Freiheit des menschlichen Willens oder der Quelle der moralischen Verbindlichkeit zu fragen. Mit der Forderung nach einer einzigen, einfachen Antwort lässt der Fragende bereits erkennen, dass es ihm nicht um ein tieferes Verständnis des Problems, sondern um triviales Faktenwissen geht. Es verwundert daher nicht, dass viele Philosophen auf derartige Fragen zuweilen höchst unkooperativ reagieren.

Die Philosophie produziert nicht in der Weise Antworten, wie die Automobilbranche Autos produziert. Philosophen sind auch keine Dienstleister, die für andere abstrakte Probleme lösen, so wie ein Uhrmacher eine stehen gebliebene Uhr repariert. Die Philosophie ist ihrem Selbstverständnis nach nicht dazu da, den Menschen das Nachdenken abzunehmen; sie will sie vielmehr zum eigenen Nachdenken anregen und anleiten. Anders als viele andere Wissenschaften, die öffentlich für ihren gesellschaftlichen Nutzen gelobt werden, will sie das Leben der Menschen nicht einfacher, sondern komplexer machen und gerade dadurch auf eine ihr eigentümliche Art bereichern. Ihr großer Feind ist damit nicht etwa die Unwissenheit, sondern die Einfältigkeit, die nach Bernard Williams darin besteht, »zu wenig Gedanken und Gefühle zu haben, um die Welt, wie sie ist, zu begreifen«[2].

Wenn herausragenden Denkern wie David Hume der Status eines Klassikers der Philosophiegeschichte zugesprochen wird, so bedeutet das, dass diese Personen das Projekt der Philosophie um einen bedeutenden Schritt vorangebracht haben. Ihre besondere Leistung besteht in der Regel nicht darin, ein bestimmtes Problem ein für alle Mal gelöst und damit weitere Diskussionen darüber überflüssig gemacht zu haben. Sie besteht vielmehr darin, eine neue Art und Weise aufgezeigt zu haben, wie man über die grundlegenden Probleme der Menschheit nachdenken kann.

Warum also lohnt sich die Beschäftigung mit David Humes Philosophie? Weil sie Ihr Denken bereichern wird! Und das ist wahrscheinlich das schönste Kompliment, das man einem Philosophen machen kann.

Das übergeordnete Ziel dieser Einführung wird es daher sein, die systematischen Besonderheiten von Humes philosophischer Methode herauszuarbeiten und am Beispiel der wichtigsten Themengebiete aus dem breiten Spektrum der humeschen Philosophie zu veranschaulichen.

Zu nahezu jedem zentralen Begriff und zu jedem Argumentationsstrang der humeschen Schriften finden sich in der Sekundärliteratur weit verzweigte Diskussionen. Nicht immer herrscht Einigkeit über die systematische Relevanz und die angemessene Auslegung bestimmter Textstellen[3], und vielfach ergeben sich Spannungen zwischen einzelnen Werken[4], die manchmal auf Inkonsistenzen, in anderen Fällen auf eine inhaltliche Weiterentwicklung der humeschen Position hindeuten. Zudem hat es zu keinem Zeitpunkt der Rezeptionsgeschichte an Beiträgen gemangelt, die in kritischer Absicht auf die systematischen Probleme des humeschen Ansatzes hingewiesen haben. In Deutschland erfolgt diese Kritik nicht selten aus kantischer Perspektive, während im englischen Sprachraum zumeist die isolierte Betrachtung systematisch interessanter Einzelprobleme im Vordergrund steht.

Wenn die vorliegende Einführung all diese Diskussionen allenfalls am Rande erwähnt, so geschieht dies nicht, um die in ihnen angesprochenen Probleme zu bagatellisieren, sondern in der Absicht, eine erste Grundlage für ihr Verständnis und ihre Diskussion zu schaffen. Wer Humes Argumente in ihrer Vielschichtigkeit würdigen und einer systematischen Kritik unterziehen will, sollte sich zunächst einen Überblick darüber verschaffen, was seinen Ansatz eigentlich ausmacht. Erst vor dem Hintergrund eines solchen Maßstabs, der bis zu einem gewissen Grad stets subjektiv bleiben wird, können die vielfältigen Deutungsansätze und Argumente der Sekundärliteratur ihrerseits auf ihre Angemessenheit hin untersucht werden. Die vorliegende Einführung möchte Ihnen helfen, einen solchen Maßstab zu entwickeln. Gleichzeitig empfiehlt es sich jedoch, sich gegenüber Humes Argumenten und ihrer Darstellung stets eine gewisse (für Hume so typische) Skepsis zu bewahren. Da dieser Text kein Kommentar zu Humes Schriften sein will, sondern sich als eine problemorientierte Einführung in die humesche Art zu denken versteht, werden Humes Argumente nicht in derjenigen Reihenfolge dargestellt, in der er sie in seinen Texten behandelt, sondern in ihrem systematischen Zusammenhang erläutert und durch Beispiele veranschaulicht.

Die Wissenschaft vom Menschen

Um Humes philosophisches Projekt zu verstehen, muss man zunächst nach dem geistigen Klima fragen, das zur Zeit seines Schaffens, also um die Mitte des 18. Jahrhunderts herum, in Europa im Allgemeinen und in seiner Heimat Schottland im Besonderen geherrscht hat. Aus heutiger Sicht sind mindestens drei Begriffe zur Charakterisierung dieses geistesgeschichtlichen Hintergrunds von besonderer Bedeutung: Neuzeit, Empirismus und Aufklärung.

Als Neuzeit bezeichnen wir heute sehr allgemein diejenige Epoche, die das Mittelalter abgelöst hat und je nach Sprachgebrauch bis ins 20. Jahrhundert oder bis in die Gegenwart hinein andauert. Ihr Beginn wird durch verschiedene historische Ereignisse, Entdeckungen und technische Errungenschaften markiert, unter anderem durch den Fall Konstantinopels, die Erfindung des Buchdrucks, die Entdeckung Amerikas, die Durchsetzung des heliozentrischen Weltbildes und die Reformation. Kulturgeschichtlich ist die frühe Neuzeit durch die Renaissance und den Humanismus charakterisiert. Neben die im Mittelalter noch alternativlose christliche Weltsicht tritt die Rückbesinnung auf antike Denkweisen und Wertvorstellungen. Von dieser Grundlage aus kommt es auf vielen Gebieten zur Entwicklung innovativer Theorien, insbesondere im Bereich der Naturwissenschaften. Als Grundlage genuin philosophischer Theoriebildung tritt die im Mittelalter noch maßgebliche scholastische Methode mit ihren starken Bezügen auf die Autorität der Bibel und der Texte des Aristoteles (384–322 v. Chr.) immer weiter in den Hintergrund, während neue Prinzipien des Denkens zusehends an Bedeutung gewinnen.

Der Prozess der geistigen und politischen Emanzipation des denkenden Individuums von traditionellen Autoritäten gipfelt im 17. und 18. Jahrhundert in der Bewegung der Aufklärung. Immer mehr Gelehrte beginnen, ihre Schriften nicht länger in der Wissenschaftssprache Latein, sondern in ihrer jeweiligen Volkssprache zu verfassen. Mithilfe des Buchdrucks können ihre Theorien vergleichsweise schnell und weit verbreitet werden.[5] In Frankreich entsteht unter der Federführung von Denis Diderot (1713–1784) und Jean-Baptiste le Rond d'Alembert (1717–1783) die berühmte Enzyklopädie.[6] Viele zeitgenössische Autoren nehmen ihre Zeit als »age of improvement« wahr und werden von einem mehr oder weniger stark ausgeprägten Fortschrittsoptimismus beflügelt. Den traditionellen, auf Offenbarung und kirchliche Autorität gegründeten Religionen wird die Idee einer natürlichen Vernunftreligion gegenübergestellt. Auf politischer Ebene kommt es zu bedeutenden Umbrüchen wie der Glorious Revolution von 1688/89, der Amerikanischen Unabhängigkeitserklärung von 1776, der Französischen Revolution von 1789 und letztlich zur weltweiten Etablierung der Idee allgemeiner Menschenrechte.

Humes Geburtsstadt Edinburgh entwickelt sich zum Zentrum der schottischen Aufklärung. Das ökonomisch und kulturell lange eher unbedeutende Land bringt innerhalb weniger Jahrzehnte einige der herausragendsten Persönlichkeiten der europäischen Aufklärung hervor.

Im Bereich der Philosophie trägt die Aufklärung inhaltlich unter anderem zur Zurückdrängung religiöser Dogmen und zu einer gewissen Aufwertung eines gemäßigten Skeptizismus bei. Methodisch ist sie gerade in ihrer frühen Phase von dem verstärkten Bemühen um die Klärung von Begriffen geprägt.

Von zentraler Bedeutung ist in diesem Zusammenhang die Unterscheidung zwischen Empirismus und Rationalismus.[7] Da diese Begriffe von den damaligen Philosophen noch nicht verwendet werden und sich kaum eine Theorie eindeutig, restlos und zweifelsfrei einer dieser beiden Denkrichtungen zuordnen lässt, sollte man dieses Begriffspaar jedoch nicht als

Bezeichnung für zwei klar gegeneinander abgrenzbare Lager verstehen, sondern eher als Bezeichnung für zwei einander gegenüberliegende Pole, denen verschiedene philosophische Theorien dieser Zeit unterschiedlich nahe stehen.
Als empiristisch wird eine Theorie bezeichnet, insofern sie die Erfahrung als den grundlegenden Faktor menschlicher Erkenntnis betrachtet und der Vernunft lediglich die Rolle eines (durchaus wichtigen) Werkzeugs zumisst. Was nicht zunächst in irgendeiner Form erfahren wurde, kann dem Empirismus zufolge kein (sinnvoller) Gegenstand des Denkens sein. Empiristische Theorien setzen bei einzelnen Erfahrungen an, also bei konkreten Wahrnehmungen, Beobachtungen oder Experimenten, aus denen erst in einem zweiten Schritt allgemeine Erkenntnisse und Prinzipien abgeleitet werden. Das Denken der Empiristen schreitet grundsätzlich also vom Einfachen und Konkreten zum Allgemeinen und Abstrakten fort. Man bezeichnet das auch als die induktive Methode. Einige der wichtigsten in erster Linie dem Empirismus zuzurechnenden Denker sind Francis Bacon (1561–1626), Pierre Gassendi (1592–1655), John Locke (1632–1704), George Berkeley (1685–1753) und David Hume.
Als rationalistisch bezeichnet man hingegen Theorien, die die Vernunft als wichtigste Grundlage von Erkenntnis betrachten, indem sie von angeborenen Inhalten oder Prinzipien des Denkens ausgehen, während sie der Erfahrung nur eine der Vernunft untergeordnete Bedeutung zuweisen. Rationalistische Theorien setzen bei Begriffen an, die gerade nicht durch Erfahrung (a posteriori), sondern durch reines Denken (a priori) erkennbar sind. Von diesen allgemeinen Grundbegriffen aus (zum Beispiel »Notwendigkeit«, »Unendlichkeit«, »Substanz«) entwickeln Rationalisten ihre weiteren Gedanken. Ihr Denken bewegt sich also vom Allgemeinen zum Besonderen, was auch als deduktive Methode bezeichnet wird. Wichtige, traditionell dem Rationalismus zugerechnete Denker sind René Descartes (1596–1650), Nicolas Malebranche (1638–1715), Baruch de Spinoza (1632–1677), Gottfried Wilhelm Leibniz

(1646-1716), Christian Wolff (1679-1754), Samuel Clarke (1675-1729) und Ralph Cudworth (1617-1688).
Wer diese Hintergründe kennt, hat es leichter, die zentralen Elemente der humeschen Philosophie zu verstehen. Hume ist vom Fortschritt der Naturwissenschaften seiner Zeit stark beeindruckt. Sein großes Vorbild ist Isaac Newton (1643-1727), der Entdecker der Gravitationsgesetze. In gewisser Weise will Hume ein Newton der Geisteswissenschaften werden. Wie ist das zu verstehen? Newton war es gelungen, die von Galileo Galilei (1564-1642) aufgestellten Fallgesetze und die von Johannes Kepler (1571-1630) entdeckten Prinzipien der Planetenbewegungen zu einer einheitlichen Theorie der Gravitation zu vereinigen. Irdische und astronomische Phänomene ließen sich nun durch dieselben Gesetzmäßigkeiten beschreiben und erklären - und zwar nicht nur annäherungsweise, sondern mit großer Präzision. Hume hofft, dass ihm ein ähnlicher Durchbruch auch in den Geisteswissenschaften gelingen wird. Er will eine Theorie der menschlichen Natur entwickeln, durch die all die verschiedenen Aspekte menschlichen Erkennens, Handelns, Urteilens und Zusammenlebens erklärbar werden. Dies glaubt er erreichen zu können, indem er alle Aspekte des menschlichen Lebens auf einige wenige, grundlegende Prinzipien der menschlichen Natur zurückführt.
Doch warum interessiert sich Hume nur für die menschliche Natur und nicht etwa für die Natur im Ganzen? Im Zentrum seiner Philosophie steht das menschliche Individuum, weil er verstanden hat, dass unsere Ansichten über die äußere Natur nicht unabhängig von der Beschaffenheit unseres eigenen Erkenntnisapparats sind. Wie wir über die Welt denken, wird von den Prinzipien unserer Natur bestimmt. Bevor wir beanspruchen können, etwas über die Welt zu wissen, müssen wir zuerst verstehen, was es überhaupt bedeutet, etwas zu wissen oder von etwas überzeugt zu sein. Der Tradition von Locke folgend, ordnet Hume das Weltverständnis daher konsequent dem menschlichen Selbstverständnis unter. Seine Wissen-

schaft vom Menschen schließt die anderen Wissenschaften entweder ein oder bildet zumindest ihre unverzichtbare Voraussetzung. (Vgl. T Intro. 4; SBN xv) Um sinnvolle Fragen über die äußere Welt stellen zu können, müssen wir zunächst uns selbst verstehen und die Grenzen menschlicher Erkenntnis- und Urteilsfähigkeit ausloten.

Durch diesen Ansatz tritt Hume sowohl inhaltlich als auch methodisch in Opposition zur kirchlichen Dogmatik, die meint, objektive Aussagen über die Beschaffenheit der Welt allein auf die Autorität der Bibel stützen und ohne jeglichen Bezug auf den Menschen als erkennendes Subjekt formulieren zu können. Hier zeigt sich Hume als engagierter Aufklärer. Die Religion seiner Zeit betrachtet er vorwiegend als eine Quelle für Aberglauben und Unvernunft. Dieser für die menschliche Gesellschaft schädlichen Tendenz setzt er seine eigene Philosophie entgegen, die zu wesentlichen Anteilen in einer Anleitung zum korrekten Vernunftgebrauch und zum Fällen angemessener Werturteile besteht. Spätestens seit er – als Folge des publizistischen Misserfolgs seines *Traktats über die menschliche Natur* – die Stilform des Essays für sich entdeckt hat, wendet sich Hume in seinen Schriften vorwiegend an ein vergleichsweise breites Publikum, dem er seine Theorien in verständlicher und dennoch kunstvoller Sprache näherzubringen versucht. Auf diese Weise hofft er der Ausbreitung des Aberglaubens entgegenwirken zu können, soweit das im Rahmen philosophischer Theoriebildung eben möglich ist. Besonders wichtig ist Hume dieser Kampf gegen den Aberglauben im Bereich der Moral, die seiner Ansicht nach gänzlich vom schädlichen Einfluss falsch verstandener Religion befreit werden muss.

In Humes Ablehnung dogmatischen und spekulativen Denkens liegt ein weiterer Grund für seine Hochschätzung der naturwissenschaftlichen Methodik Newtons. Auch Newtons Theorie beruht nicht auf bloßen Spekulationen, sondern ist durch Erfahrung überprüfbar. In den Naturwissenschaften kann man Experimente durchführen, durch die bestimmte

Theorien gestützt, andere hingegen eindeutig widerlegt werden. Als Empirist ist Hume von diesem Verfahren fasziniert. Im Untertitel des *Traktats* charakterisiert er sein Hauptwerk als den Versuch, die experimentelle Methode in den Bereich der Geisteswissenschaften (moral subjects) einzuführen. Dies darf freilich nicht wörtlich verstanden werden, denn Experimente im engeren Sinne lassen sich in den verschiedenen Disziplinen der Geisteswissenschaften in der Regel nicht durchführen. Darüber ist sich auch Hume im Klaren. Sein Ziel ist die Entwicklung einer empirischen, das heißt sich eng am Maßstab der Erfahrung orientierenden Wissenschaft vom Menschen (verstanden als geistiges Wesen). Der in den Naturwissenschaften übliche Einsatz von Experimenten wird in Humes »science of man« durch die genaue Beobachtung der Menschen im Alltag und einen möglichst unparteiischen Blick in die menschliche Geschichte ersetzt.[8]
Hier wird deutlich, dass Hume als Theoretiker an mindestens zwei verschiedenen Fronten kämpfen muss. Auf der einen Seite steht er den Dogmatikern und Scholastikern gegenüber, die in den Augen der Aufklärer antiquierten Vorstellungen über die Quellen und Methoden menschlicher Erkenntnis anhängen. Auf der anderen Seite grenzt er sich von den Rationalisten ab, die seiner Ansicht nach der Erfahrung zu wenig Bedeutung beimessen und sich stattdessen durch ihre Berufung auf einen unangemessen starken Vernunftbegriff in haltlosen Spekulationen verlieren. Hume wirft den Rationalisten (und teilweise auch den im Vergleich zu ihm selbst weniger konsequenten Empiristen) vor, ebenso wie ihre scholastischen Vorgänger Begriffe zu verwenden, deren Bedeutung unklar bleibt, da sie bei näherer Betrachtung keinen erkennbaren Bezug zur menschlichen Erfahrung aufweisen.[9] Was immer den Anspruch erhebt, eine wissenschaftlich fundierte Tatsachenaussage zu sein, muss sich nach Hume an der Erfahrung messen lassen. Wo uns keine Erfahrungen zur Verfügung stehen, an denen wir eine bestimmte Theorie, ihre begrifflichen Bestandteile und inhaltlichen Ergebnisse über-

prüfen können, rät Hume dazu, eine skeptische Grundhaltung der Aufstellung spekulativer Hypothesen vorzuziehen. Wer philosophieren will, muss die Grenzen vernünftigen Denkens erkennen und sorgsam darauf achten, sie nicht zu überschreiten. Für Hume bedeutet dies, dass sich nur nach streng empiristischen Prinzipien, also auf der Grundlage der Erfahrung, sinnvoll philosophieren lässt – und dass man, so banal dies auch klingen mag, im Zweifel grundsätzlich Skeptiker[10] bleiben sollte.

Zusammengefasst: Humes Projekt ist die Klärung der Frage nach der Beschaffenheit der menschlichen Natur. Sein Ziel ist die Bekämpfung von Vorurteilen, Dogmen und Spekulationen durch die sorgsame Erforschung der Grenzen menschlicher Erkenntnis vor dem Hintergrund eines gemäßigten Skeptizismus. Und seine Methode ist die eines konsequenten Empiristen. Im Zuge dieses Ansatzes fragt Hume immer wieder danach, was wir mit bestimmten, für unser Selbst- und Weltverständnis zentralen Begriffen eigentlich meinen, welche konkreten Vorstellungen wir mit ihnen verbinden und wie diese Vorstellungen entstehen. Dabei kommt er zu dem Ergebnis, dass viele der traditionell von philosophischen Autoren verwendeten Begriffe keinen erkennbaren Bezug zur Erfahrung aufweisen und somit sinnlos, irreführend und verzichtbar sind. Insbesondere durch diese Kritik fundamentaler philosophischer Begriffe leistet Hume einen bedeutenden Beitrag zum Projekt der Aufklärung.

Grundbegriffe und Methodik

Der Schlüssel zum Verständnis einer philosophischen Theorie liegt in der Klärung ihrer zentralen Begriffe.[11] Nach der groben Einbettung der humeschen Philosophie in ihren geistesgeschichtlichen Kontext gilt es daher als Nächstes, sich Klarheit über die von Hume verwendete Sprache zu verschaffen. Im Gegensatz zu vielen anderen philosophischen Autoren bedient er sich keiner komplizierten Fachsprache, sondern greift überwiegend auf Begriffe der Alltagssprache zurück. Gerade das macht es jedoch oftmals schwer, zu erkennen, welche der von ihm verwendeten Ausdrücke austauschbar sind und welche er als Termini technici verwendet, also als Fachausdrücke, denen er innerhalb seiner Theorie eine ganz bestimmte, vom Alltagsgebrauch mehr oder weniger stark abweichende Bedeutung zuweist.

Den Ausgangspunkt für Humes gesamte Philosophie bilden die sogenannten *Perzeptionen* (perceptions).[12] Darunter versteht er alle Gefühle, Gedanken, Wahrnehmungen, Wünsche und sonstigen Bewusstseinsinhalte. Der Begriff des Perzipierens umfasst damit all das, was bei Descartes unter den Begriff des Denkens (cogitare) gefasst wird. Wie Descartes geht auch Hume davon aus, dass wir an der Existenz dieser Bewusstseinsinhalte, mithin an der Tatsache, dass es so etwas wie Gedanken, Gefühle und Wahrnehmungen gibt, nicht sinnvoll zweifeln können. Der Rationalist Descartes meint jedoch, die Unbezweifelbarkeit der Existenz von Bewusstseinsinhalten, zum Beispiel des geistigen Aktes des Zweifelns selbst, versichere uns der Existenz eines Ichs, also einer denkenden Substanz als Träger dieser Bewusstseinsinhalte. Daher der berühmte Satz: Cogito, ergo sum. - Ich denke, also bin ich.[13] Diesen Schritt geht Hume nicht mit. Unmittelbar einsehbar ist für ihn nur die Existenz konkreter Perzeptionen, nicht jedoch die Existenz von etwas so Allgemeinem wie einer Substanz.

Die Perzeptionen unterteilt Hume in *Eindrücke* (impressions) und *Vorstellungen* bzw. *Ideen* (ideas). (Vgl. T 1.1.1.1; SBN 1; EHU 2.3; SBN 18) Unter Eindrücken versteht er Perzeptionen, die unmittelbar und mit großer Lebhaftigkeit erfahren werden. Sie repräsentieren nichts, sondern sind ursprüngliche Entitäten.[14] Zu ihnen gehören Gefühle, Wünsche und Sinneswahrnehmungen. Vorstellungen sind hingegen die schwächeren und weniger lebhaften Abbilder von Eindrücken. Von Vorstellungen spricht Hume, wenn wir uns etwa an ein Gefühl erinnern, das nicht mehr gegenwärtig ist, oder uns lediglich vorstellen, einen bestimmten Gegenstand zu sehen.

Eindrücke und Vorstellungen lassen sich jeweils weiter in *einfache* (simple) und *zusammengesetzte* (complex) unterteilen. Während Sie dieses Buch in Händen halten und diese Zeilen lesen, haben Sie nach Hume den komplexen Eindruck eines Buches, der sich aus verschiedenen haptischen und visuellen (einfachen) Eindrücken zusammensetzt. Wenn Sie das Buch weglegen, die Augen schließen und an das Buch denken, ist es ihrem Geist als eine zusammengesetzte Vorstellung präsent. Aus dieser können Sie einfache Vorstellungen isolieren, indem Sie beispielsweise gezielt daran denken, wie sich das Buch angefühlt hat.

Humes weitere Unterteilung der Perzeptionen ist einigermaßen komplex, für ein angemessenes Verständnis seiner Philosophie jedoch unverzichtbar. Das folgende Schema mag dabei als grobe Orientierungshilfe dienen:

Perzeptionen (*perceptions*) (Bewusstseinsinhalte)			
Eindrücke (*impressions*) (einfach o. zusammengesetzt)		**Vorstellungen** (*ideas*) (einfach o. zusammengesetzt)	
primäre (sensorisch)	**sekundäre** (reflexiv)	aus **Erinnerung**	aus **Einbildungskraft**

Gemäß der von Hume gewählten Reihenfolge gehe ich zunächst auf den Bereich der Vorstellungen ein. Ein zentraler Streitpunkt zwischen Rationalisten und Empiristen ist die Frage, ob es angeborene Ideen gibt. Descartes hält das für erwiesen, der Empirist Locke hingegen bestreitet es.[15] Hume gibt im Wesentlichen Locke recht, kritisiert jedoch, dass der Begriff der Idee (idea) bei Locke auch diejenigen Perzeptionen einschließt, die Hume selbst als Eindrücke bezeichnet. Bestimmte Eindrücke, zum Beispiel Emotionen oder das Hungergefühl eines Säuglings, können nach Hume durchaus als angeboren bezeichnet werden. Für Vorstellungen gilt genau das jedoch nicht. Nach Hume muss zumindest jeder einfachen Vorstellung ein ihr zeitlich vorangehender einfacher Eindruck entsprechen.[16] Man bezeichnet das auch als Copy-These.[17] Ein von Geburt an Blinder kann keine Vorstellung von etwas Rotem haben, weil er noch nie eine Farbwahrnehmung hatte.

Mithilfe unserer *Einbildungskraft* (imagination) können wir allerdings verschiedene einfache Vorstellungen zu immer komplexeren Vorstellungen kombinieren. Um mir ein goldenes Einhorn vorstellen zu können, muss ich also nicht unbedingt schon einmal eines gesehen haben; es reicht aus, wenn ich schon einmal etwas Goldenes, ein Pferd und ein Horn gesehen habe. Ein mindestens ebenso wichtiges Vermögen ist für Hume das *Erinnerungsvermögen* (memory), das im Vergleich zur Einbildungskraft deutlich lebhaftere Vorstellungen hervorbringt.[18] Auf diese Weise ist es uns möglich, zwischen der Erinnerung an reale Erlebnisse und bloßen Fiktionen zu unterscheiden. So erkennen wir die Vorstellung eines Einhorns nach Hume als Fantasieprodukt, weil wir sie ganz anders (weniger lebhaft) perzipieren als etwa die Vorstellung eines Nashorns (sofern wir schon einmal eines gesehen haben).

Durch diesen Ansatz meint Hume die Entstehung all unserer Vorstellungen erklären zu können. Doch was ist mit allgemeinen Vorstellungen wie denen von Obst, Werkzeug oder Säugetieren? Liegen derartigen Vorstellungen ebenfalls Eindrücke zugrunde? In gewisser Weise ist das so. Hume folgt hier im Wesentlichen der Theorie von George Berkeley.[19] Er vertritt die Auffassung, dass uns *allgemeine* oder *abstrakte Vorstellungen* (abstract or general ideas) stets in Form von konkreten Vorstellungen präsent sind. (Vgl. T 1.1.7.1–18; SBN 17–25) Wenn ich Sie jetzt zum Beispiel auffordere, an ein Werkzeug zu denken, so wird der allgemeine Begriff »Werkzeug« bei Ihnen die Vorstellung an ein bestimmtes Werkzeug hervorrufen, möglicherweise an den Hammer, den Sie unlängst verwendet haben. Stelle ich den Begriff »Werkzeug« dann allerdings in einen bestimmten Kontext, etwa in den der Elektroinstallation, so wird jene konkrete Vorstellung in Ihrem Geist vielleicht durch eine andere, passendere Vorstellung ersetzt, zum Beispiel durch die eines kleinen, roten Schraubenziehers. Ihr Begriff und Ihre allgemeine Vorstellung von Werkzeug ändern sich nicht, doch die konkrete Vorstellung, durch die Ihnen die abstrakte Vorstellung mental präsent ist, passt sich dem jeweiligen Kontext an.

Nach Hume gibt es noch eine zweite Art, wie wir zu abstrakten Vorstellungen kommen können. Woher stammt beispielsweise Ihre Vorstellung von »rund«? Haben Sie jemals einen einfachen Eindruck von Rundheit gehabt? Hume bestreitet das. Sie haben jedoch die Erinnerung an Einzeldinge, die rund sind. Die Vorstellung des Runden ist Ihnen stets durch eines dieser konkreten Einzeldinge präsent, durch die Vorstellung eines gezeichneten Kreises oder einer weißen Marmorkugel etc. Wir alle haben gelernt, dass Begriffe wie »rund« bestimmte Gemeinsamkeiten dieser Einzeldinge bezeichnen. Rund ist für uns nach Hume das, was der Fußball im Garten, der Teller auf dem Tisch und der Buchstabe O gemeinsam haben. Wann immer wir den Begriff hören, tritt die Vorstellung einzelner runder Dinge in unser Bewusstsein, und wir abstrahieren von allen Eigenschaften, die diese Dinge nicht miteinander gemein haben.

Doch wie kommt es überhaupt, dass die Erwähnung eines bestimmten Wortes die Vorstellung eines bestimmten Einzeldings hervorruft? Und wie gelangen wir in unserem Denken von einer Vorstellung zu einer anderen? Nach Hume vollzieht sich der Übergang zwischen zwei Vorstellungen nach drei *Assoziationsprinzipien* (principles of association). (Vgl. T 1.1.4.1; SBN 10f.; EHU 3.2; SBN 24) Bei diesen handelt es sich um *Ähnlichkeit* (resemblance), *raum-zeitliche Nähe* (contiguity) und das Prinzip von *Ursache und Wirkung* (cause and effect). Wenn Sie an einen Ort zurückkehren, an dem Sie lange nicht waren, wird Ihr Denken in der Regel auf Dinge gelenkt, die Sie während Ihres letzten Aufenthalts dort oder in der unmittelbaren Umgebung gesehen oder getan haben. Als Kleinkinder lernen wir die Bedeutung vieler Wörter, indem Erwachsene das Wort aussprechen, während wir einen Eindruck des Gegenstands haben, den es bezeichnet. Durch das zeitliche Nebeneinander von Wort und Gegenstand werden die Vorstellungen von beidem so eng miteinander verknüpft, dass die Vorstellung des Wortes unser Denken unwillkürlich auf die Vorstellung des Gegenstands lenkt. (Die Stärke dieser Verknüpfung lässt sich leicht an einem Beispiel demonstrieren: Versuchen Sie einmal, jetzt nicht an einen Fußball zu denken!) Ähnlich liegt der Fall, wenn man Kindern Wörter mithilfe eines Bilderbuchs beibringt. Hier kommt das Prinzip der Ähnlichkeit zwischen dem Bild und dem Abgebildeten hinzu. Die Ähnlichkeit ist es auch, die Kindern die Erkenntnis erlaubt, dass nicht jedem Einzelding ein eigener Begriff entspricht, sondern dass verschiedene Einzeldinge oft durch denselben Begriff bezeichnet werden oder dass zwei nahezu identische, zeitlich auseinander liegende Eindrücke oft Perzeptionen desselben Gegenstands sind. Das dritte Assoziationsprinzip schließlich sorgt beispielsweise dafür, dass uns die Erwähnung der Mona Lisa unwillkürlich an Leonardo da Vinci als ihren Erschaffer denken lässt.

Doch warum ist das so? Warum funktioniert das menschliche Denken gerade nach diesen Prinzipien? Nach Hume lässt sich diese Frage nicht mehr sinnvoll beantworten. Wenn wir die grundlegenden Prinzipien der menschlichen Natur erst einmal entdeckt, sie angemessen beschrieben und in ihrer genauen Funktionsweise erklärt haben, haben wir alles geleistet, was von einem Philosophen legitimerweise erwartet werden kann.

Das klingt einfach, erweist sich in der Praxis jedoch als durchaus kompliziert. Die drei Assoziationsprinzipien stellen zwar die unverzichtbare Grundlage des Denkens dar, stehen diesem zuweilen jedoch auch geradezu im Wege. Vor allem die Ähnlichkeit bringt uns immer wieder dazu, verschiedene Vorstellungen miteinander zu verwechseln. Besonders anschaulich lässt sich dies an folgendem antikem Paralogismus vorführen: »Keine Katze hat zwei Schwänze. Eine Katze hat einen Schwanz mehr als keine Katze. Also hat eine Katze drei Schwänze.«[20] Die Erfahrung lehrt uns, dass das Ergebnis dieser Argumentation falsch sein muss. Doch wo genau liegt der Denkfehler? Frei nach Hume könnten wir sagen, er liegt in der Verwechslung zweier einander ähnlicher Vorstellungen, die beide mit dem sprachlichen Ausdruck »keine Katze« assoziiert werden. Im ersten Satz meint der Begriff eine leere Menge ({}), im zweiten eine bestimmte Anzahl (0) von Katzen.

Die Gefahr für den Philosophen liegt nun darin, dass die Verwechslung zweier Vorstellungen im Bereich philosophischer Theoriebildung oft nur schwer zu entdecken ist. Anders als in dem gerade behandelten Beispiel ist es im Fall von abstrakten Gedankengängen nur selten auf den ersten Blick offensichtlich, dass sie der Erfahrung widersprechen. Je allgemeiner und abstrakter die Vorstellungen sind, desto leichter werden sie miteinander verwechselt. Im schlimmsten Fall entstehen dabei Begriffe, die bei näherer Betrachtung vollkommen sinnlos sind, da sie keinerlei Bezug zur Erfahrung mehr aufweisen.

Hume schlägt daher ein Testverfahren für philosophische Begriffe vor: *Wann immer wir den Verdacht hegen, dass ein bestimmter philosophischer Begriff bedeutungslos sein könnte, müssen wir uns fragen, auf welchem Eindruck die Vorstellung beruht, auf die er sich bezieht.*[21] Wenn sich kein solcher Eindruck finden lässt, haben wir es mit einem sinnlosen Begriff zu tun. Dies ist der Kern von Humes philosophischer Methode in nahezu allen Bereichen seiner Philosophie.

Begriffe wie »rot«, »Furcht«, »Pferd«, »rund« oder »Werkzeug« bestehen den von Hume vorgeschlagenen Test auf ihre je eigene Weise. Der im Zusammenhang mit Descartes bereits erwähnte Begriff der Substanz besteht ihn hingegen nicht. (Vgl. T 1.1.6.1–3; SBN 15–17) Die Vorstellung einer Substanz geht auf keinen uns bekannten Eindruck zurück. Wir haben daher keinen Grund anzunehmen, dass es ein reales Etwas gibt, das die Bezeichnung als Substanz verdient. Die Vorstellung des eigenen Ichs hat für Hume daher auch nichts mit einer immateriellen Seelensubstanz als Träger unserer Perzeptionen zu tun. Es lässt sich auch kein Eindruck entdecken, der der Vorstellung von einem Ich zugrunde liegen könnte. Der abstrakte Begriff »Ich« bezeichnet nach Hume vielmehr ein Bündel von Perzeptionen (bundle of perceptions), genauer gesagt diejenigen Eindrücke und Vorstellungen, die ein Mensch im Laufe seines Lebens perzipiert.[22] Das Ich ist nicht das Theater, in dem die Perzeptionen als Schauspieler auf- und abtreten; es ist die Bezeichnung für die Gruppe der Darsteller, die Art und Weise und die Geschichte ihres Spiels. Denkt man sich die Schauspieler weg, so bleibt keine leere Bühne zurück, sondern gar nichts.[23]

Mit diesem Ansatz erteilt Hume der Substanz-Metaphysik seiner Zeit eine deutliche Absage. Die lange Zeit kontrovers diskutierte Frage, ob es nur eine einzige Substanz gibt, ob diese materiell oder immateriell ist oder ob es, wie die Dualisten meinen, eine materielle und eine zweite, von ihr verschiedene immaterielle Seelensubstanz gibt, kann und braucht nach Hume nicht beantwortet zu werden, weil es schlicht nicht sinnvoll ist, sie zu stellen.

In dieser Weise untersucht Hume mehrere zentrale Begriffe aus verschiedenen Bereichen der Philosophie wie »Kausalität«, »Freiheit«, »Schönheit«, »Tugend« oder »Gott«. Seine Ausführungen hierzu lassen sich stets als Antwort auf die Frage verstehen, welche konkreten Vorstellungen mit diesen allgemeinen Begriffen verbunden sind und auf welchen Eindrücken diese Vorstellungen letztlich beruhen.

So viel zunächst zum Bereich der Vorstellungen. Um Humes Testverfahren zur Rückführbarkeit von Begriffen auf die ihnen zugrunde liegenden Eindrücke richtig zu verstehen und sicher anwenden zu können, ist es allerdings unabdingbar, sich vor der Auseinandersetzung mit konkreten Anwendungsbeispielen auch über die verschiedenen Arten von Eindrücken klar zu werden.

Eindrücke werden von Hume in *primäre* und *sekundäre* unterteilt. (Vgl. T 2.1.1.1; SBN 275) Die primären Eindrücke (original impressions or impressions of sensation) entstehen, ohne dass ihnen andere Perzeptionen vorausgehen müssen. Zu den primären Eindrücken gehören Sinneswahrnehmungen (sensations), körperliche Lust- und Schmerzempfindungen, aber auch Gefühle wie Hunger oder Müdigkeit. All diese Eindrücke entstehen nicht aus Reflexion, sondern aus der Beschaffenheit unserer Natur. Die sekundären Eindrücke oder Eindrücke der Selbstwahrnehmung (secondary or reflective impressions) gehen hingegen entweder aus primären Eindrücken oder aus deren Vorstellung hervor. Zu ihnen gehören alle Affekte (passions).

Für die Affekte interessiert sich Hume in besonderem Maße. Er sieht in ihnen den Schlüssel zum Verständnis unseres Handelns und unserer Werturteile. Hume teilt sie hinsichtlich ihrer Intensität in *ruhige* (calm) und *heftige* (violent) ein. (Vgl. T 2.1.1.3; SBN 276) Ruhige Affekte werden im Gegensatz zu heftigen eher an ihrer Wirkung als an ihrer Empfindungsqualität erkannt. Zu ihnen gehören zum Beispiel ästhetische und moralische Empfindungen, die Liebe zum Leben oder die allgemeine Bevorzugung des Guten gegenüber dem Schlechten. (Vgl. T 2.3.3.8; SBN 417) Die Intensität eines Affekts darf nicht mit seiner Stärke verwechselt werden. (Vgl. T 2.3.4.1; SBN 419) Wenn es zu einem Widerstreit zwischen ruhigen und heftigen Affekten kommt, können sich auch die ruhigen Affekte durchsetzen.

Das zweite Kriterium zur Unterscheidung der Affekte ist die Art und Weise ihrer Entstehung. Hier differenziert Hume zwischen *direkten* (direct) und *indirekten* (indirect) Affekten. (Vgl. T 2.1.1.4; SBN 276f.) Direkte Affekte wie Verlangen und Abneigung oder Hoffnung und Furcht entstehen unmittelbar aus Lust bzw. Unlust oder aus einem natürlichen, nicht näher erläuterbaren Instinkt. Nach Hume gibt es auch zwischen Eindrücken so etwas wie eine natürliche Assoziation, die anders als im Bereich der Vorstellungen allerdings nur auf dem Prinzip der Ähnlichkeit beruht.[24] Diese Ähnlichkeit kann die Empfindungsqualität oder auch die Intensität betreffen. Der Geruch einer leckeren Speise weckt den Affekt des Verlangens, weil sich beide Eindrücke hinsichtlich ihrer positiven Empfindungsqualität ähneln. Andererseits wird heftige Liebe eher in heftigen Hass umschlagen als in Gleichgültigkeit.

Indirekte Affekte wie Stolz und Scham, Liebe und Hass oder Mitleid und Schadenfreude erfordern neben einem ihnen ähnlichen Affekt, der ihnen vorangeht, zusätzlich einen gedanklichen Gegenstand besonderer Art. (Vgl. T 2.1.2.4; SBN 278) Die Entstehung dieser Affekte beruht nach Hume auf einem doppelten Impuls (double impulse; vgl. T 2.1.4.4; SBN 284), nämlich einerseits auf einer Assoziation von Vorstellungen (association of ideas) und andererseits – wie die direkten Affekte – auf einer Assoziation der Gefühle (association of impressions or emotions). Wenn das Essen gut schmeckt, so reicht diese Tatsache allein noch nicht aus, um Stolz (in Humes Sinne) zu empfinden. Wenn Sie das Essen jedoch selbst gekocht haben, so werden Ihre Gedanken vom angenehmen Geschmack des Essens auf Sie selbst als dessen Ursache gelenkt. Erst aus diesem doppelten Impuls entsteht der Affekt des Stolzes. Überlegungen dieser Art werden insbesondere im Zusammenhang mit Humes Konzeption des moralischen Gefühls wichtig werden.

Die Vernunft und ihre Grenzen

Ein wiederkehrendes Thema in Humes Philosophie ist die Frage nach der Art des Zusammenspiels zwischen Vernunft und Gefühl. Hume versucht zu zeigen, dass viele Prozesse, die wir traditionell auf das Wirken der Vernunft zurückführen, erst durch die Mitwirkung oder sogar unter Leitung des Gefühls zustande kommen. Sein schwacher Vernunftbegriff hat Hume vonseiten seiner Kritiker seit jeher den Ruf eines Skeptikers eingebracht. Diese Einschätzung entspricht durchaus seinem Selbstbild. Wer Hume allerdings auf diesen Aspekt seiner Philosophie reduziert, wie dies bei vielen Interpreten bis weit ins 20. Jahrhundert hinein üblich war, tut ihm Unrecht. Die Vernunft ist für ihn zwar tatsächlich die »Sklavin der Affekte« (slave of the passions; vgl. T 2.3.3.4; SBN 415). Als Historiker wusste Hume jedoch nur zu gut, dass Sklaven in der antiken Gesellschaft durchaus wichtige Arbeiten zu verrichten hatten. Seine Sklaven-Metapher soll lediglich verdeutlichen, dass die zentralen *Entscheidungen* nicht von der Vernunft, sondern vom Gefühl getroffen werden.

Abgesehen davon betrachtet Hume die Vernunft durchaus als ein wichtiges und sowohl in der Philosophie als auch im Alltag hoch geschätztes Werkzeug. Die Vernunft arbeitet den Affekten zu, indem sie möglichst korrekte und vollständige Informationen über die Situation liefert, in der wir uns befinden. Diese Informationen rufen ihrerseits bestimmte Affekte hervor oder weisen ihnen die Richtung, zeigen also die Mittel zum Erreichen eines durch die Affekte vorgegebenen Zwecks auf. (Vgl. T 3.1.1.12; SBN 459)

In erster Linie ist die Vernunft für Hume jedoch einfach das Vermögen, zwischen Wahrheit und Irrtum zu unterscheiden. Dies gelingt ihr, indem sie Urteile daraufhin überprüft, ob sie mit den realen Vorstellungsbeziehungen (relations of ideas)

bzw. den realen Tatsachen (matters of fact) übereinstimmen.[25]
Die Unterscheidung zwischen Vorstellungsbeziehungen und Tatsachen (vgl. EHU 4.1; SBN 25) wird oft als »Humes Gabelung« (Hume's fork) bezeichnet. Was ist mit diesen Ausdrücken gemeint?
Mit Vorstellungsbeziehungen haben wir es vorwiegend im Bereich der Mathematik zu tun, genauer gesagt in Geometrie, Algebra und Arithmetik. Eine Aussage drückt eine Vorstellungsbeziehung aus, wenn ihre Wahrheit oder Falschheit *intuitiv* oder *demonstrativ* erkannt werden kann. Die Aussage »1 = 1« kann intuitiv als wahr erkannt werden. Der Satz des Pythagoras ist zwar nicht intuitiv als wahr erkennbar, seine Wahrheit kann jedoch demonstriert werden, indem man eine lückenlose Kette von Beweisschritten bildet, die jeder für sich genommen intuitiv als wahr erkannt werden. Sätze, die Vorstellungsbeziehungen ausdrücken, liefern uns keine neuen Erkenntnisse über ihr Subjekt, sondern stellen lediglich eine erläuternde Analyse der verwendeten Begriffe dar. In der Philosophie werden solche Sätze daher als *analytisch*[26] bezeichnet. Die Wahrheit einer analytischen Aussage hängt nicht von der Erfahrung ab. Dass die Winkelsumme eines Dreiecks 180 Grad beträgt oder dass ein Junggeselle ein unverheirateter Mann ist, sind a priori wahre Aussagen, ganz unabhängig davon, ob Dreiecke oder Junggesellen tatsächlich existieren. Das Gegenteil dieser Aussagen lässt sich zwar in Worte fassen, kann jedoch nicht klar vorgestellt werden, da eine solche Vorstellung einen Widerspruch enthalten würde. Wer ernsthaft behauptet, die Vorstellung eines verheirateten Junggesellen bilden zu können, hat nicht verstanden, was ein Junggeselle ist.
Sobald wir behaupten, dass etwas existiert oder in der Welt der Fall ist, reden wir nach Hume jedoch nicht mehr über Vorstellungsbeziehungen, sondern über Tatsachen. Die Wahrheit einer Aussage, die eine Tatsache ausdrückt, kann nur durch Rückgriff auf die Erfahrung, also a posteriori überprüft werden. Um zu entscheiden, ob ein Satz wie »Morgen wird es

regnen« wahr ist, genügt es nicht, die Bedeutung der verwendeten Begriffe zu kennen. Die Vorstellung des morgigen Tages lässt sich ebenso widerspruchsfrei mit der Vorstellung von Regen wie ohne sie denken. Derartige Sätze werden daher auch als *synthetisch* bezeichnet, weil in ihnen zwei Vorstellungen miteinander verknüpft werden, die nicht notwendigerweise zusammengehören. Anders als im Fall von Vorstellungsbeziehungen ist das Gegenteil einer Tatsache stets vorstellbar und damit möglich. Eine Tatsache lässt sich daher niemals intuitiv oder durch Demonstration als wahr oder falsch erkennen. Ob es draußen gerade regnet oder nicht, kann nicht durch reines Nachdenken, sondern nur durch Nachschauen festgestellt werden.

Hume geht davon aus, dass alle Urteile entweder analytisch a priori oder synthetisch a posteriori sind. Ein synthetisches Urteil a priori im Sinne Kants[27] hält Hume für unmöglich. Er kritisiert, dass einige seiner Zeitgenossen philosophische Fragen auch dann wie Fragen der Mathematik behandeln, wenn sie Tatsachen wie das Wesen der Moralität oder die Existenz Gottes betreffen. Diese Autoren reden in analytischen Sätzen über die Beziehung zwischen Begriffen, die keine Grundlage in der Erfahrung haben. Ihre so entwickelten Systeme mögen in sich konsistent sein, verhelfen uns aber zu keinerlei Erkenntnissen über uns selbst oder über die Welt. Wenn es um Tatsachenfragen geht, darf sich der Philosoph, so Hume, nicht an der Mathematik, sondern nur an der experimentellen Methode der Naturwissenschaften (im bereits erläuterten Sinne) orientieren.

Aus diesem Ansatz ergeben sich schwerwiegende Konsequenzen für die Grenzen sinnvollen Philosophierens: Wahre Wissenschaft ist nach Hume nur in zwei Bereichen möglich. Der erste ist der Bereich des logisch-mathematischen Denkens, in dem wir es mit rein analytischen Urteilen zu tun haben. Der zweite ist der Bereich der Tatsachenwissenschaften, deren Grundlage allein die Erfahrung sein kann. Alle Fragen, die Tatsachen und Existenz betreffen, zu deren Beantwortung jedoch nicht auf Erfahrung zurückgegriffen werden kann, sind kein Gegenstand seriöser Wissenschaft. Wer sich dennoch mit ihnen beschäftigt und beispielsweise meint, als Philosoph Aussagen über das Wesen Gottes machen zu können, betreibt nutzlose, spekulative Metaphysik. Hume geht so weit, zu empfehlen, alle Bücher, die in dieser oder ähnlicher Weise die Grenzen des sinnvollen Denkens überschreiten, ins Feuer zu werfen. (Vgl. EHU 12.34; SBN 165)

Die Unterscheidung zwischen Vorstellungsbeziehungen und Tatsachen ist insbesondere dort wichtig, wo es um die Frage nach der Gewissheit von Urteilen geht. Hume unterscheidet drei Arten einer solchen Gewissheit: *Wissen* (knowledge), *Beweis* (proof) und *Wahrscheinlichkeit* (probability). (Vgl. T 1.3.11.2; SBN 124) Wirklich sicheres Wissen ist nur im Bereich von Vorstellungsbeziehungen möglich, da das Gegenteil einer Tatsache (theoretisch) stets möglich ist. In der Praxis gibt es jedoch auch Tatsachen, an denen wir faktisch niemals zweifeln würden, weil sie durch einen Beweis belegt sind. Unter einem Beweis versteht Hume die vielfach wiederholte Erfahrung einer ausnahmslosen Regelmäßigkeit. Als Beispiel nennt er das tägliche Aufgehen der Sonne. An der Tatsache, dass die Sonne morgen wieder aufgehen wird, würden wir nach Hume nur dann zweifeln, wenn auch ihr Gegenteil durch einen Beweis belegbar wäre. Ein solcher Fall, in dem Beweis gegen Beweis steht, hat sich faktisch aber noch nie ereignet. In den Bereich bloßer Wahrscheinlichkeit fallen schließlich alle Annahmen über Tatsachen, an denen zu zweifeln möglich und angebracht ist. Beim Wurf mit einem sechsseitigen Würfel ist es wahrscheinlicher, dass keine Sechs fällt, als dass sie fällt – aber sie könnte trotzdem fallen. Hume nennt diese mathematische Art der Wahrscheinlichkeit die Wahrscheinlichkeit des Zufalls (probability of chances). Von ihr unterscheidet er die Wahrscheinlichkeit der Ursachen (probability of causes), die sich nicht aus bloßem Nachdenken ergibt, sondern Erfahrung voraussetzt. Der Verzehr von Rhabarber wirkt meistens abführend, aber keineswegs immer. Daher ist es nicht sicher, sondern nur wahrscheinlich, dass dieser Effekt bei einem erneuten Verzehr wieder eintritt. Es wäre auch möglich, dass andere, uns unbekannte Ursachen diese Wirkung verhindern. (Vgl. T 1.3.11.3–13; SBN 124–130; EHU 6.1–4; SBN 56–59)

Die Aufgabe der Vernunft ist es also, zu ermitteln, ob eine bestimmte Überzeugung wahr oder falsch ist und welche Art von Gewissheit ihr zugestanden werden kann. Wie genau macht sie das? Hume charakterisiert die Vernunft zum einen als die Ursache der Wahrheit[28], zum anderen als eine Teilmenge der Prinzipien der Einbildungskraft. Zur Vernunft zählen nach Hume diejenigen Prinzipien der Einbildungskraft, die dauerhaft (permanent), unwiderstehlich (irresistable) und allgemein (universal) sind. Dazu gehört beispielsweise der Schluss von einer Ursache auf ihre Wirkung, auf den später noch einzugehen sein wird. Stellt man eine vernünftige Gedankenkette einer unvernünftigen direkt gegenüber, so wird sich die vernünftige natürlicherweise durchsetzen und die weniger vernünftige aus dem Denken verdrängen. (Vgl. T 1.4.4.1; SBN 225)

Nimmt man all diese Beschreibungen der Vernunft zusammen, so stellt sich Hume die Funktion der Vernunft offenbar so vor: »Vernunft« ist ein allgemeiner Begriff, unter dem wir die besonders zuverlässigen und intersubjektiv einheitlich funktionierenden Prinzipien des Denkens zusammenfassen. Diese erzeugen wahre Urteile, die uns wiederum als Maßstab für Urteile dienen können, die anderen Quellen entstammen. Wenn wir mit einer Aussage konfrontiert werden, deren Wahrheitsgehalt fraglich ist, beurteilen wir sie durch den Vergleich mit denjenigen Urteilen, zu denen uns der (ungestörte) Gebrauch der Vernunft führt. Stimmt sie mit diesen Urteilen überein, halten wir sie für wahr, tut sie es nicht, halten wir sie für falsch.

Doch wie äußert sich dieses Fürwahrhalten? Nach Hume liegt der Unterschied zwischen einer rein fiktiven oder für falsch gehaltenen Vorstellung und einer für wahr gehaltenen Überzeugung in der Art und Weise, wie die fragliche Vorstellung perzipiert wird. Die Überzeugung, dass Hume ein Philosoph war, unterscheidet sich von der Vorstellung, dass er ein Außerirdischer war, nicht nur ihrem Inhalt nach, sondern auch hinsichtlich der Lebhaftigkeit, mit der sie perzipiert wird. Eine für wahr gehaltene Vorstellung wird nach Hume als lebhafter erfahren, weil sie von einem besonderen Gefühl begleitet wird. Hume nennt dieses Gefühl *Glaube* (belief).[29]

Die konkrete Arbeitsweise der Vernunft lässt sich damit in etwa so veranschaulichen: Wenn ich behaupte, dass Silvester im nächsten Jahr auf einen Montag fallen wird, dann können Sie diese Behauptung beurteilen, indem Sie den fraglichen Wochentag selbst errechnen und meine Behauptung mit dem Ergebnis ihrer Berechnungen vergleichen. Wenn Ihr Ergebnis von meiner Behauptung abweicht, so werden Sie Ihr durch vernünftige Überlegungen gewonnenes Urteil nach Hume lebhafter perzipieren, sodass es die Vorstellung des von mir genannten Wochentages aus Ihrem Denken verdrängt.

Doch was ist, wenn Sie sich verrechnen, weil ihr Denken von weniger zuverlässigen Prinzipien der Einbildungskraft gestört wird? Einen Irrtum kann in der Praxis niemand vollkommen ausschließen. Die Erfahrung lehrt uns schließlich, dass Menschen sich zuweilen in ihrem Urteil irren. Die empirischen Ergebnisse menschlicher Überlegungen sind daher streng genommen immer nur mit einer gewissen Wahrscheinlichkeit korrekt, nie jedoch über jeden Zweifel erhaben. (Vgl. T 1.4.1.1–12; SBN 180–187)

Diese Feststellung kann zu der Ansicht verleiten, dass in der Praxis letztlich nichts gewiss und alles anzweifelbar ist. In diesem Fall hätte uns Humes Ansatz in einen unauflöslichen Skeptizismus geführt. Doch ist es wirklich vernünftig, an allem zu zweifeln?

Ein entscheidendes Kriterium für die Vernünftigkeit eines Gedankengangs ist nach Hume, dass er sich bei der direkten Gegenüberstellung mit anderen, weniger vernünftigen Gedankengängen durchsetzen wird, da seine Ergebnisse mit größerer Lebhaftigkeit perzipiert werden. Besteht der allumfassende Zweifel diesen empirischen Test? Wohl kaum. In der Theorie kann ein radikaler Skeptiker zwar behaupten, dass es keine Gewissheit gibt. Es wird ihm jedoch nicht gelingen, wirklich daran zu *glauben* und sein Verhalten in der alltäglichen Praxis konsequent an dieser Erkenntnis auszurichten. (Vgl. EHU 12.17–23; SBN 155–160) Die Prinzipien unserer Natur erlauben es uns nicht, an allem und jedem zu zweifeln und uns stets eines Urteils zu enthalten. Selbst ein Skeptiker kann nicht verhindern, dass einige seiner Vorstellungen vom Gefühl des Glaubens begleitet werden und andere nicht. Der radikale Skeptizismus gehört also nicht zu den dauerhaften, unwiderstehlichen und allgemeinen Prinzipien des Denkens und damit nicht zu den Prinzipien der Vernunft.

In seiner gemäßigten Form lässt sich der Skeptizismus jedoch durchaus konsequent verfolgen und erweist sich zudem als äußerst nützlich.[30] Er macht uns die prinzipielle Fehleranfälligkeit menschlicher Überlegungen bewusst, lehrt uns Bescheidenheit und bringt gewissenhafte Philosophen dazu, ihre Überlegungen sorgfältig zu überprüfen und gegenüber der konstruktiven Kritik ihrer Fachkollegen aufgeschlossen zu sein.

Die Pointe dieses Ansatzes ist, dass es nach Hume keinen objektivistisch begründbaren Maßstab für Wahrheit gibt. Andererseits ist Wahrheit für Hume jedoch auch nicht in dem Sinne subjektiv, dass das Wahre und das subjektiv Fürwahrgehaltene nicht unterscheidbar wären. Wenn Sie sich im oben genannten Beispiel tatsächlich verrechnet haben und andere kompetente Urteilende Sie auf Ihren Fehler aufmerksam machen, werden Sie ihn einsehen und Ihre Überzeugungen ändern. Den Maßstab für Ihre Überzeugungen liefern dann jedoch nicht objektiv erkennbare Gegebenheiten der Außenwelt, sondern die vernunftgeleiteten und daher auch für Sie selbst nachvollziehbaren Überzeugungen anderer Menschen. Humes Wahrheitsverständnis lässt sich daher am treffendsten als intersubjektivistisch bezeichnen.

Dieser Punkt ist von großer Bedeutung. Die Vernunft kann nach Hume nichts anderes tun als Vorstellungen hervorzubringen und miteinander zu vergleichen. Wenn Hume ihr die Aufgabe zuweist, Überzeugungen mit »realen« Vorstellungsbeziehungen und »realen« Tatsachen zu vergleichen, kann er damit also nur wiederum Perzeptionen meinen - nicht die realen Dinge der Außenwelt. Denn erstens haben wir zu diesen keinen von unseren Perzeptionen unabhängigen erkenntnistheoretischen Zugang und zweitens kann eine Perzeption naturgemäß nur mit etwas übereinstimmen, was ebenfalls eine Perzeption ist.

Damit will Hume jedoch nicht sagen, dass es die Außenwelt gar nicht gibt. Seine Feststellung, dass es für uns streng genommen nur Perzeptionen gibt, ist nicht ontologisch, sondern epistemologisch zu verstehen. Eine Außenwelt mag durchaus existieren, aber wir können nichts über sie wissen. Als systematisches Wahrheitskriterium ist die Berufung auf ontologisch objektive Tatsachen daher denkbar ungeeignet.[31]

Ist es nach Hume denn dann überhaupt vernünftig, von der Existenz einer Außenwelt auszugehen? Interessanterweise ist es das. Hume gibt zwar zu bedenken, dass wir die Existenz einer Außenwelt weder durch bloßes Nachdenken demonstrieren noch durch Erfahrung beweisen können. (Vgl. T 1.2.6.7 f.; SBN 67 f.) Er weist aber gleichzeitig darauf hin, dass es uns in der Praxis vollkommen unmöglich ist, an ihr zu zweifeln. (Vgl. T 1.4.2.1; SBN 187) Die Überzeugung, dass die Außenwelt existiert, beruht offenbar auf einem dauerhaften, unwiderstehlichen und allgemeinen Prinzip des Denkens. Genau das sind nach Hume jedoch die Kriterien, die ein Prinzip der Einbildungskraft erfüllen muss, um zu den Prinzipien der Vernunft gerechnet zu werden. Es ist also vernünftig, an die Existenz der Außenwelt zu glauben. Und da Hume die Vernunft als die Ursache der Wahrheit betrachtet, ist die Aussage, dass die Außenwelt existiert, ein wahrer Satz.

Hume zufolge gibt es also (einige wenige) Überzeugungen, von deren Wahrheit wir zu Recht ausgehen, ohne sie intuitiv erkennen, demonstrieren oder durch einen Beweis im Sinne Humes belegen zu können. In der Sekundärliteratur hat sich für diese Phänomene seit Norman Kemp Smith der Begriff der natürlichen Glaubensinhalte (natural beliefs) durchgesetzt. (Vgl. Kemp Smith 1941/2005) Gibt es für Hume also doch angeborene Vorstellungen? Nein. Erzeugt werden die »natural beliefs« wie alle Tatsachen betreffenden Überzeugungen erst durch Erfahrung. Als angeboren betrachtet Hume lediglich unsere Unfähigkeit, Überzeugungen dieser Art nach ihrer Entstehung konsequent in Zweifel zu ziehen.

Was ist Kausalität?

Nach den eher allgemeinen begrifflichen und methodischen Ausführungen der letzten Kapitel und der Erläuterung des humeschen Vernunftbegriffs soll die Hume zugeschriebene Methodik nun auf konkrete philosophische Problemstellungen angewendet werden. Als der philosophiegeschichtlich betrachtet wirkmächtigste Beitrag Humes gilt seine Theorie der Kausalität.

Unter Kausalität wird allgemein die als notwendige Verknüpfung charakterisierbare Beziehung zwischen Ursache und Wirkung verstanden. Wer Humes Unterscheidung zwischen Vorstellungsbeziehungen und Tatsachen kennt, kann bereits erahnen, was Hume an dieser noch heute verbreiteten Definition auszusetzen hat: Dass jede Ursache eine Wirkung und jede Wirkung eine Ursache haben muss, ist eine analytische Feststellung, deren Wahrheit sich aus den Begriffen von Ursache und Wirkung ergibt. Sie ist jedoch nur Ausdruck einer realen Vorstellungsbeziehung, nicht Ausdruck einer realen Tatsache. Dass jede Wirkung eine Ursache hat, bedeutet noch lange nicht, dass auch jedes empirische *Ereignis* notwendigerweise eine Ursache haben muss. Indem man nachweist, dass es keine schwarzen Schimmel geben kann, hat man ja auch noch nicht gezeigt, dass es keine schwarzen Pferde gibt. Die Vorstellung, dass im nächsten Moment vor Ihren Augen ohne jede Ursache ein Apfel erscheinen und in der Luft schweben bleiben wird, enthält keinen logischen Widerspruch. Theoretisch könnte sich jedes beliebige Ereignis auch ohne Ursache ereignen und statt seiner üblichen Wirkung eine ganz andere oder gar keine entfalten. Die eigentlich interessante Frage lautet für Hume daher, ob bzw. wann wir ein durch Erfahrung gegebenes Ereignis als Ursache oder Wirkung eines anderen betrachten dürfen und was genau wir mit diesen Begriffen eigentlich meinen.

Das Kriterium der notwendigen Verknüpfung hilft in dieser Frage genauso wenig weiter wie der Hinweis auf irgendeine Art von Kraft, die der Ursache angeblich innewohnen soll, denn beides lässt sich nicht beobachten. Wenn wir beispielsweise sehen, wie eine Billardkugel auf eine andere zurollt, mit ihr zusammenstößt und dass sich die zweite Kugel sodann in Bewegung setzt, so haben wir nicht die Erfahrung einer wirkenden Kraft oder einer notwendigen Verknüpfung gemacht. Wir haben lediglich das zeitliche Nacheinander mehrerer, verschiedener Ereignisse beobachtet. (Vgl. EHU 4.8f.; SBN 28f.) Trotzdem nennen wir das eine Ereignis Ursache und das andere Wirkung und halten das zweite für eine notwendige Folge des ersten. Warum tun wir das? Wie kommen wir zu der Vorstellung einer notwendigen Verknüpfung, die nicht zwischen Begriffen bzw. Vorstellungen, sondern zwischen Tatsachen bzw. Ereignissen besteht?

Humes Antwort ist von bestechender Einfachheit: durch *Gewohnheit* (custom). (Vgl. EHU 7.26–30; SBN 73–79) Unter »Gewohnheit« versteht Hume die wiederholte Erfahrung einer regelmäßigen Abfolge zweier Ereignisse. Ein Mensch, dessen kognitive Fähigkeiten bereits voll entwickelt sind, der jedoch zum ersten Mal eine Ereignisfolge wie im gerade beschriebenen Billard-Beispiel beobachtet, könnte unmöglich vorhersagen, was beim Zusammenprall der beiden Kugeln geschehen wird. Beobachtet er jedoch mehrfach, dass auf den Aufprall einer rollenden auf eine ruhende Billardkugel regelmäßig das Losrollen der vormals ruhenden Kugel folgt, so wird er diese Entwicklung zukünftig auch in ähnlichen Fällen erwarten. Ein Ereignis erwarten heißt für Hume, dass die Vorstellung dieses Ereignisses vom Gefühl des Glaubens begleitet und dadurch besonders lebhaft perzipiert wird. Die Gewohnheit ist für Hume also ein grundlegendes Prinzip unserer Natur, das Glauben zu erzeugen vermag.[32]

Nun weisen jedoch nicht alle empirischen Ereignisfolgen denselben Grad von Regelmäßigkeit auf. Oft lassen sich gar keine Regelmäßigkeiten erkennen. Andere Ereignisse treten zwar oft, aber nicht ausnahmslos gemeinsam auf. Auf das Aufziehen dunkler Wolken folgt häufig Regen, manchmal ziehen die Wolken allerdings auch einfach vorbei. In solchen Fällen erwarten wir den Regen nur mit einer bestimmten Wahrscheinlichkeit. Für Hume heißt das: Der Anblick dunkler Wolken führt unser Denken zur Vorstellung von Regen; diese Vorstellung wird vom Gefühl des Glaubens begleitet. Da die Regelmäßigkeit, auf der dieser Glaube beruht, unvollkommen ist, ist unser Glaube an den bevorstehenden Regen jedoch nicht so stark, wie er sein könnte. Einen Teil seiner Stärke gibt er an die Vorstellung ab, dass es trocken bleiben wird. Diejenige Vorstellung, die von einem stärkeren Gefühl des Glaubens begleitet wird, halten wir für wahrscheinlicher, aber wir sind uns bewusst, dass auch der unwahrscheinlichere Fall eintreten kann. (Vgl. EHU 6.1–4; SBN 56–59)

Anders liegt die Sache, wenn einer Erwartung die Erfahrung einer ausnahmslosen Regelmäßigkeit zugrunde liegt. Hier sprechen wir daher nicht von Wahrscheinlichkeiten, sondern von Naturgesetzen, die durch einen Beweis im bereits erläuterten Sinne belegt sind. Wenn Sie dieses Buch in die Luft halten und loslassen, wird ihr Denken unweigerlich zu der Vorstellung geführt, dass es auf den Boden fallen wird. Der Glaube, der diese Vorstellung begleitet, ist so stark, dass Sie sich eine alternative Entwicklung zwar noch immer vorstellen können, jedoch unfähig sind, sie wirklich für *möglich* zu halten.

Dieser Eindruck einer geistigen Nötigung, durch die Sie gezwungen werden, ein bestimmtes Ereignis zu erwarten, ist nach Hume der Ursprung unserer Vorstellung einer notwendigen Verknüpfung zwischen Tatsachen. Notwendigkeit in diesem Sinne ist für Hume also ein mentales Phänomen. Sie besteht nicht zwischen Ereignissen, sondern zwischen unseren Vorstellungen dieser Ereignisse. Eine andere, objektive Form der Notwendigkeit mag es zwar ebenfalls geben, doch Hume zufolge haben wir keine Möglichkeit, sie zu erkennen, daher kann sie auch nicht der Ursprung unserer Vorstellung der notwendigen Verknüpfung zwischen Tatsachen sein.

Für unser Verständnis der Begriffe von Ursache und Wirkung bedeutet das: Eine Ursache ist nach Hume ein Gegenstand, das heißt eine Tatsache oder ein Ereignis, dem erfahrungsgemäß ein zweiter Gegenstand (die Wirkung) folgt, wobei noch nie beobachtet wurde, dass Gegenstände der zweiten Art ohne Bestehen von Gegenständen der ersten Art ins Dasein getreten wären. (Vgl. EHU 7.29; SBN 76 f.) Die Perzeption des ersten Gegenstands führt das Denken in diesem Fall unwillkürlich zum zweiten. Erfolgt sie in Form eines Eindrucks (statt bloß in Form einer Vorstellung), wird die Vorstellung des zweiten Gegenstands zudem von einem starken Gefühl des Glaubens begleitet, das es uns nicht erlaubt, eine alternative Entwicklung der Ereignisse zu erwarten. Stellen Sie sich nur vor, dass jemand einen Stein gegen Ihr Fenster wirft, so werden Ihre Gedanken unwillkürlich auf die Vorstellung des zerbrechenden Fensters gelenkt, ohne dass Sie dieses Ereignis wirklich erwarten. Sehen Sie jedoch, wie jemand tatsächlich einen Stein in Richtung ihres Fensters wirft, werden Sie sich dessen Zerbrechen nicht nur vorstellen, sondern wirklich glauben, dass es unmittelbar bevorsteht.

Wenn der Schluss von einer Ursache auf ihre Wirkung nicht auf der Erkenntnis einer objektiv bestehenden Verknüpfung zwischen zwei Ereignissen, sondern nur auf der mentalen Verknüpfung ihrer Vorstellungen im Denken beruht, wirft dies die Frage auf, inwiefern wir unter dieser Voraussetzung überhaupt zu derartigen Schlüssen berechtigt sind.

Das Problem, auf das Hume an dieser Stelle aufmerksam macht, wird heute als Induktionsproblem bezeichnet und lässt sich in groben Zügen so darstellen: All unsere Schlüsse auf Tatsachen, die uns weder als Eindrücke noch als Erinnerungen präsent sind, beruhen auf dem Schluss von Ursachen auf Wirkungen bzw. von Wirkungen auf Ursachen. Ursache-Wirkung-Schlüsse beruhen nach Hume wiederum auf der Erfahrung einer ausnahmslosen Regelmäßigkeit. Die Erfahrungen, auf die wir uns dabei stützen, liegen jedoch alle in der Vergangenheit. Um von vergangenen Erfahrungen auf zukünftige Ereignisse schließen zu können, müssen wir voraussetzen, dass die Zukunft nach denselben Gesetzmäßigkeiten funktionieren wird wie die Vergangenheit. Aber wie können wir das wissen?

Die Behauptung, dass die Zukunft der Vergangenheit in einer Weise ähneln wird, die derartige Schlüsse rechtfertigt, drückt selbst eine Tatsache aus, die uns weder durch einen Eindruck noch als Erinnerung präsent ist. Ihr Gegenteil ist widerspruchsfrei vorstellbar. Die Gesetzmäßigkeiten, auf denen unsere Erfahrung bisher beruht hat, könnten sich nach Hume theoretisch von einem Tag auf den anderen ändern. Der einzige Grund, warum wir nicht glauben, dass das passieren wird, besteht darin, dass sich etwas Derartiges bisher noch nie ereignet hat. Aber das ist nur ein weiterer Verweis auf die Regelmäßigkeiten der Vergangenheit, und das Problem besteht ja gerade darin, damit keine Garantie dafür zu haben, dass die Zukunft der Vergangenheit in dieser Hinsicht ähneln wird. Die Ähnlichkeit zwischen Vergangenheit und Zukunft zu begründen, indem man sie voraussetzt, stellt jedoch einen illegitimen Zirkelschluss dar. Die Erfahrung ist somit letztlich nicht in der Lage, ihre eigene Zuverlässigkeit als Grundlage unserer Kausalschlüsse zu beweisen. (Vgl. EHU 4.21; SBN 36–38)

Diese Entdeckung hat Hume den Ruf eingebracht, gleichzeitig der Vollender und der Vernichter des Empirismus zu sein. Erneut scheint seine Philosophie auf direktem Wege in einen unbefriedigend radikalen Skeptizismus zu führen. Humes Intention ist in diesem Punkt jedoch eine ganz andere. Er will gerade nicht sagen, dass induktive Schlüsse ungültig sind. Problematisch wären sie faktisch auch nur dann, wenn in Vergangenheit und Zukunft nicht nur möglicherweise, sondern tatsächlich andere Gesetzmäßigkeiten gelten würden. Solange dies nicht gezeigt worden ist, handelt es sich bei induktiven Schlüssen lediglich um Schlüsse eigener Art, die auf Gewohnheit und damit auf einem zuverlässigen empirischen Prinzip beruhen und eine spezifische Art von Gewissheit besitzen.

Der Meinung, induktive Schlüsse seien defizitär, liegt oft die Auffassung zugrunde, dass vollwertige Schlüsse ihrer Form nach eine Art von Syllogismus bilden müssen. Das klassische Beispiel für einen Syllogismus ist: »Alle Menschen sind sterblich. Sokrates ist ein Mensch. Also ist Sokrates sterblich.« Als Syllogismus verstanden sähe ein induktiver Schluss also etwa so aus: »In der Vergangenheit ist bisher jeder Mensch gestorben. Die Zukunft wird der Vergangenheit ähneln. Also wird auch in Zukunft jeder Mensch sterben.« Das Problem liegt bei Beispielen wie diesem nicht in der Schlussfolgerung, sondern in der Unbeweisbarkeit der zweiten Prämisse. Da dieses Problem nicht gelöst werden kann, erscheinen induktive Schlüsse bei dieser Art der Betrachtung als grundsätzlich defizitär.

Ein wesentliches Ziel von Humes Ausführungen zur Vernunft ist allerdings der Nachweis, dass induktive Schlüsse gerade nicht auf abstrakten Schlussfolgerungen der soeben vorgestellten Art beruhen. Sein bestes Argument in diesem Zusammenhang ist, dass auch kleine Kinder und sogar Tiere in der Lage sind, aus Erfahrung zu lernen. (Vgl. EHU 9.1–6; SBN 104–108) Wer Tieren und Kleinkindern nicht die Fähigkeit zum Bilden von Syllogismen zusprechen will, tut nach Hume daher gut daran, denjenigen Teil der Vernunft, der uns zu Tatsachenschlüssen befähigt, eher als eine Art natürlichen Instinkt aufzufassen. Grundlage dieses Instinkts bildet bei Menschen wie bei Tieren das Prinzip der Gewohnheit. In diesem Bereich des vernünftigen Denkens gibt es Hume zufolge nur graduelle Unterschiede zwischen Menschen und Tieren. Der auf Gewohnheit beruhende Schluss auf Tatsachen stellt ein dauerhaftes, unwiderstehliches und allgemeines Prinzip menschlichen und tierischen Denkens dar. Ähnlich wie der Glaube an die Existenz einer Außenwelt ist unser Vertrauen in die Geltung des Kausalprinzips und damit in unsere Fähigkeit zum induktiven Schließen auf rationalem Wege zwar nicht lückenlos erklärbar, jedoch dennoch vernünftig und für die allgemeine Lebensbewältigung unverzichtbar.

Freiheit und Determinismus

Wie groß Humes Vertrauen in das Kausalprinzip ist, zeigt die Tatsache, dass er letztlich Determinist ist. Seiner Meinung nach spricht alles dafür, dass alle empirischen Ereignisse in ein Geflecht von Ursachen und Wirkungen eingebunden sind, in dem es keinerlei Raum für Zufälle gibt. Was immer geschieht, geschieht mit Notwendigkeit. Nichts hätte anders geschehen können, als es tatsächlich geschehen ist.
Wer Humes Ausführungen zur Kausalität nicht kennt oder missversteht, mag diese Position auf den ersten Blick als inkonsequent einschätzen. Vertritt Hume nicht die These, dass das Gegenteil einer jeden Tatsache widerspruchsfrei vorgestellt werden kann und damit als möglich betrachtet werden muss? Das tut er in der Tat. Die hier gemeinte Möglichkeit ist jedoch lediglich theoretischer Art. A priori ist das Gegenteil einer jeden Tatsache genauso möglich wie die Tatsache selbst. A posteriori ergibt sich jedoch, dass der Glaube an bestimmte Tatsachen durch unsere Erfahrungen gerechtfertigt ist, der Glaube an ihr Gegenteil hingegen nicht.
Der Zufall ist zwar ein denkbares, jedoch kein reales Prinzip der Natur. (Vgl. EHU 6.1; SBN 56) Ereignisse, die gänzlich ohne Ursache sind, können wir uns zwar vorstellen, es wäre nach Hume jedoch unvernünftig, daran zu glauben, dass sie sich tatsächlich ereignen. Ebenso unvernünftig wäre die Annahme, dass die Dinge sich anders hätten entwickeln können, als sie es faktisch getan haben.
Ist Hume deshalb der Auffassung, dass alles vorherbestimmt ist? Im Prinzip ja, aber »Vorherbestimmung« meint bei ihm nicht das, was Fatalisten mit diesem Begriff verbinden. Objektiv betrachtet folgen alle empirischen Ereignisse einer unumstößlichen und alternativlosen Notwendigkeit. Da es nach Hume allerdings niemanden gibt, der in der Lage wäre, die

Welt aus dieser objektiven Perspektive zu betrachten[33], gibt es auch niemanden, der lückenlos über seine Zukunft informiert ist. Theoretisch lässt sich aus einer vollständigen Beschreibung der Tatsachen und Gesetzmäßigkeiten der Vergangenheit und der Gegenwart zwar berechnen, wie die Zukunft aussehen wird. Als menschliche Subjekte verfügen wir naturgemäß jedoch über zu wenige Informationen, um auf diese Weise auch nur ansatzweise zu einem vollständigen Bild der Zukunft zu gelangen. Wie komplex das uns umgebende Geflecht aus Ursachen und Wirkungen ist, zeigt sich beispielsweise daran, dass wir selbst dreihundert Jahre nach Hume trotz aller technischen Fortschritte noch immer unfähig sind, einigermaßen genaue Vorhersagen über das Wetter der nächsten sieben Tage zu machen. Dabei ist es nicht der Zufall, der diese Vorhersagen verhindert, sondern unsere unzureichende Kenntnis aller für derartige Berechnungen relevanten Wirkursachen. Echte Zufälle gibt es nach Hume nicht.

Der Begriff »Zufall« findet in der Alltagssprache daher auch nicht dort Verwendung, wo Dinge geschehen, die keine Ursache haben, erklärt Hume. Wir verwenden ihn für Ereignisse, deren Ursachen sich im Einzelfall oder grundsätzlich unserer Kenntnis bzw. deren Wirkungen sich unserer Voraussicht entziehen. In diesem Sinne ist es zwar Zufall, ob bei einem bestimmten Würfelwurf eine Sechs oder eine andere Zahl fällt, aber nicht, weil das Kausalprinzip in einem solchen Fall keine Anwendung fände, sondern weil wir aufgrund der Komplexität der hier zu berücksichtigenden Wirkursachen unfähig sind, das Ergebnis des Würfelwurfs mit ausreichender Zuverlässigkeit vorherzusehen. Die Tatsache, dass alles determiniert ist, ändert also nichts daran, dass uns die Zukunft als offen erscheint. Wir verfügen einfach nicht über die epistemischen Fähigkeiten, unser Schicksal mit einer Genauigkeit vorherzusehen, die die Illusion einer prinzipiell offenen Zukunft zerstören kann.

Und was ist mit der von so vielen Philosophen vor und nach Hume gepriesenen Freiheit des menschlichen Willens? Um diese Frage zu beantworten, muss zunächst geklärt werden, was unter dem Begriff »Freiheit« überhaupt verstanden werden soll. Wenn dies geleistet ist, so verspricht Hume, wird sich zeigen, dass alle vernünftig argumentierenden Menschen bei diesem Thema seit jeher einer Meinung gewesen sind und dass all ihre scheinbaren Differenzen auf reinen Wortstreitigkeiten beruhen. (Vgl. EHU 8.3; SBN 81)

Als Menschen halten wir uns in unseren Entscheidungen für frei. Hume fragt nun danach, wie wir zu dieser Überzeugung kommen. Seine Antwort fällt einigermaßen ernüchternd aus: Wir glauben, zwischen den natürlichen Ereignissen um uns herum bestünde eine notwendige Verknüpfung. Wir nehmen also an, in der Natur ließe sich das Wirken von Naturgesetzen beobachten, die garantieren, dass auf bestimmte Ereignisse (Ursachen) mit Notwendigkeit bestimmte andere Ereignisse (Wirkungen) folgen. Wenn wir nun in uns selbst hineinschauen, so spüren wir – aus der Perspektive der ersten Person (Ich-Perspektive) – nichts von einer solchen Notwendigkeit. Daraus schließen wir, dass wir im Gegensatz zur sonstigen Natur frei sind. (Vgl. EHU 8.21; SBN 92 f.)

Nun hat Hume in seiner Untersuchung zur Kausalität jedoch gezeigt, dass sich auch in der Natur keine Notwendigkeit beobachten lässt, sondern lediglich die regelmäßige Abfolge zweier räumlich und zeitlich benachbarter Ereignisse, von denen das eine stets vor dem anderen eintritt. Dass wir in uns selbst nichts vom Vorhandensein einer notwendigen Verknüpfung zwischen unseren Motiven und unseren Handlungen spüren, beweist also offenbar gar nichts. Das in der menschlichen Natur angelegte Prinzip der Gewohnheit sorgt dafür, dass uns bei natürlichen Ereignissen das Kriterium der regelmäßigen Abfolge genügt, um zur Vorstellung einer notwendigen Verknüpfung zu gelangen.

Humes Argument ist nun, dass dieses Kriterium auch im Bereich menschlicher Handlungen erfüllt ist. (Vgl. EHU 8.15 f.; SBN 88 f.) Sind bestimmte Motive in ausreichender Stärke gegeben, so lässt sich (im Alltag wie auch in der Geschichte der

Menschheit) beobachten, dass diese mit derselben Regelmäßigkeit zu bestimmten Handlungen führen, wie im Bereich der unbelebten Natur Ursachen zu bestimmten Wirkungen führen. Wo immer die Handlung trotz des Motivs ausbleibt, lässt sich dies (nur) durch das Vorhandensein eines stärkeren Gegenmotivs erklären. Die Annahme der Gleichförmigkeit der Natur scheint somit auf menschliche Handlungen ebenso gut anwendbar zu sein wie auf den Rest der Natur. Unsere Motive verhalten sich zu unseren Handlungen wie Ursachen zu Wirkungen. Der Mensch steht mit seinen Entscheidungen für Hume nicht über oder außerhalb der Natur, sondern ist ein Teil von ihr, daher gelten für seine Handlungen dieselben kausalen Gesetzmäßigkeiten.

Heißt das, dass es nach Hume so etwas wie Freiheit gar nicht gibt? Nein. Für Hume ist unser Handeln zwar vollständig durch unsere Motive bestimmt. Er hält diese Tatsache aber durchaus für vereinbar mit einer bestimmten Konzeption von Freiheit. Diese Ansicht bezeichnet man heute als »weichen Determinismus« oder Kompatibilismus. Was Hume uns als Menschen abspricht, ist die Fähigkeit, an unseren Motiven vorbei über unsere Handlungen zu bestimmen. Er bestreitet zum einen, dass (unter sonst gleichbleibenden Umständen) aus derselben Motivstruktur unterschiedliche Handlungen hervorgehen können, und zum anderen, dass wir über die Fähigkeit verfügen, uns unsere Motivstruktur in einem intelligiblen Akt der Selbstbestimmung selbst auszusuchen. Motive unterliegen Hume zufolge nicht unserem Willen. Sie bestehen aus einer Kombination aus Affekten und Überzeugungen, deren Entstehung wiederum auf bestimmten Prinzipien unserer Natur beruht, die wie alle natürlichen Prinzipien dem Kausalprinzip unterliegen.

Das heißt nun nicht, dass wir nicht frei wären. Wir können zwar nicht *wollen*, was wir wollen, so Hume, aber sofern wir zumindest *tun* können, was wir (aufgrund der uns vorgegebenen Motive) wollen, also zum Beispiel nicht gefangen oder gelähmt sind, sind wir in dieser Hinsicht frei. Heute würden wir sagen: Wir verfügen nach Hume zwar nicht über *Willens-*

freiheit, sehr wohl jedoch über *Handlungs*freiheit.[34] Freiheit in diesem Sinne ist mit der Vorstellung von der Notwendigkeit bzw. Bedingtheit allen Handelns problemlos vereinbar. Sie schließt nicht Notwendigkeit aus, sondern lediglich Zwang und Zufall.

Ein Grund dafür, dass Humes Freiheitstheorie vielen Lesern als unbefriedigend erscheint, liegt in ihren vermeintlich schädlichen Folgen für Moral und Gesellschaft. Ohne das Postulat der Willensfreiheit scheint es unmöglich zu sein, Menschen für ihre Handlungen verantwortlich zu machen und sie für ihr Handeln moralisch zu kritisieren. Hume begegnet dieser Kritik in einem ersten Schritt durch den Hinweis, dass nicht Nützlichkeit oder Schädlichkeit, sondern allein die Wahrheit der geeignete Maßstab für philosophische Theorien sein kann. In einem zweiten Schritt zeigt er auf, dass die konsequente Umsetzung seiner Theorie die gesellschaftliche Realität gar nicht verändern würde. Vielmehr wird all das, was er zum Thema Freiheit und Determinismus sagt, von der moralischen und strafrechtlichen Praxis seiner Zeit längst anerkannt und sogar vorausgesetzt.

Der Hauptgrund für die Existenz von Strafgesetzen besteht laut Hume in der Überzeugung, dass durch die Androhung von Strafen die Ausführung von Straftaten verhindert werden kann.[35] Wer zugesteht, dass Strafen diese präventive Wirkung haben, geht jedoch offenbar davon aus, dass menschliche Handlungen auf Motiven beruhen und dass diese Motive durch das Androhen von Strafe beeinflusst werden können. Wäre unser Handeln nicht durch unsere Motive bestimmt, wären derartige Versuche der Einflussnahme auf unsere Motive sinnlos.

Im Bereich der Moral zeigt sich analog dazu, dass wir nicht alle Handlungen, die uns schaden, in derselben Weise kritisieren. Tritt uns jemand auf den Fuß, ohne es beabsichtigt zu haben, so nehmen wir ihm das in der Regel nicht weiter übel. Erkennen wir jedoch Anzeichen dafür, dass er es aus einem missgünstigen Motiv heraus getan hat, so reagieren wir mit moralischer Missbilligung.

Diese Beobachtungen zeigen, dass die von Hume bestrittene Willensfreiheit entgegen der noch heute weit verbreiteten Meinung keine notwendige Voraussetzung für moralische oder strafrechtliche Verantwortlichkeit ist. Jemanden für sein Handeln verantwortlich zu machen, bedeutet nach Hume, die ausschlaggebende Ursache für das Zustandekommen der Handlung in seinen Motiven zu suchen. (Vgl. EHU 8.23–25; SBN 95 f.)

Als Alternative zu seiner Theorie diskutiert Hume die indeterministische Vorstellung von Freiheit im Sinne eines Ausgenommenseins des menschlichen Willens vom Kausalprinzip. Stellen wir uns einen Menschen vor, dessen Handeln nicht durch seine Motive bedingt ist, so fällt es schwer, diesen Menschen als frei zu bezeichnen. Wer Dinge tut, die zu tun er gar kein Motiv hat, würde sich selbst nicht als frei, sondern als von unerklärlichen Kräften getrieben empfinden. Es würde keinen Sinn machen, ihm Strafen anzudrohen, da dies keine Auswirkungen auf sein Handeln hätte. Und es wäre nicht gerechtfertigt, ihn für seine Handlungen zu tadeln, da sie sich an seinen Motiven vorbei ereignen und somit mit ihm und seinem Charakter gar nichts zu tun haben.

Die Vorstellung von Freiheit im Sinne völliger Unbedingtheit lässt sich nach Hume nicht sinnvoll aufrechterhalten.[36] Für ihn liegt die einzig sinnvolle Vorstellung von Freiheit und Verantwortlichkeit zwischen den beiden Polen des Zufalls und des Zwangs. Wer ein anderes, indeterministisches Konzept von Freiheit und Verantwortlichkeit vertritt, hat nicht genau genug nachgedacht.

Hume liegt viel daran, der Vorstellung von der Bedingtheit menschlicher Entscheidungen ihren Schrecken zu nehmen. Es macht keinen Sinn, so Hume, sich das Ich als Opfer seiner Motive vorzustellen, weil sich das, was wir »Ich« nennen, in gewisser Weise ja gerade aus diesen Motiven (und anderen Perzeptionen) zusammensetzt. Die Tatsache, dass unsere Handlungen nichts anderes als die natürliche Wirkung von Motiven sind, die wir nicht willentlich kontrollieren können, braucht uns aus diesem Grund nicht zu beunruhigen.

Der Mechanismus der Affekte

Nach Hume werden unsere Handlungen also durch unsere Motive bestimmt.[37] Unter einem Motiv können wir die Kombination aus einem Affekt und einer Überzeugung verstehen.[38] Der Affekt gibt unserer Handlung ihr Ziel vor; die Überzeugung bestimmt darüber, welche Mittel wir ergreifen, um dieses Ziel zu erreichen.[39] Die eigentliche Ursache all unserer Handlungen liegt damit in unseren Affekten.

Diese Vorstellung hat für viele Philosophen etwas Beunruhigendes. Im Gegensatz zur Vernunft gelten Affekte traditionell als chaotisch und unkontrollierbar. Für Hume steht jedoch fest, dass unser Fühlen ebenso wie unser Denken auf zuverlässigen, natürlichen Prinzipien beruht. Der Anschein fehlender Ordnung im Bereich der Affekte resultiert in seinen Augen aus einem unzureichenden Verständnis dieser Prinzipien. Er entwickelt daher eine regelrechte »Mechanik der Affekte«, durch die er zeigen will, dass sich die Veränderungen unserer Affekte ebenso akkurat beschreiben lassen wie physikalische oder chemische Vorgänge. (Vgl. OTP 6.19)

Zunächst zu den direkten Affekten. (Vgl. T 2.3.9.1–8; SBN 438f.) Als solche versteht Hume Gefühlsregungen, deren Ursache Eindrücke oder Vorstellungen sind, die unmittelbar mit Lust oder Unlust verbunden sind. Einige Objekte wirken so auf die natürliche Beschaffenheit unserer Organe ein, dass sie unmittelbar positive oder negative Empfindungen erzeugen. Was angenehme Empfindungen erzeugt, bezeichnen wir als gut, was unangenehme erzeugt, als schlecht.

Der Unterschied zwischen den verschiedenen direkten Affekten ergibt sich aus dem Grad der Sicherheit, mit der das Angenehme oder Unangenehme erwartet wird. Für sich betrachtet erzeugt die Vorstellung von etwas Gutem *Verlangen* (desire), die Vorstellung von etwas Schlechtem *Abneigung* (aversion). Wenn uns etwas Gutes oder Schlechtes sicher be-

vorsteht, erzeugt seine Vorstellung die direkten Affekte *Freude* (joy) bzw. *Trauer* (grief). Erwarten wir etwas Gutes oder Schlechtes nur mit einer gewissen Wahrscheinlichkeit, so entstehen stattdessen *Hoffnung* (hope) bzw. *Furcht* (fear).
Die wichtigsten indirekten Affekte sind für Hume *Liebe* (love), *Hass* (hatred), *Stolz* (pride) und *Scham* (humility). Wie die direkten Affekte unterscheiden sie sich zunächst durch ihre positive bzw. negative Empfindungsqualität. Die *Ursache* (cause) von Liebe und Stolz kann nur ein angenehmer, die Ursache von Hass und Scham nur ein unangenehmer Affekt sein. Im Unterschied zu den direkten Affekten haben indirekte Affekte zusätzlich einen besonderen gedanklichen *Gegenstand* (object). Unter dem Gegenstand eines Affekts versteht Hume diejenige Vorstellung, auf die der Geist sich richtet, während der Affekt empfunden wird. Liebe und Hass haben ebenso wie Stolz und Scham zwar unterschiedliche Ursachen, aber jeweils denselben Gegenstand, nämlich andere Personen oder uns selbst. (Vgl. T 2.1.2.1–6; SBN 277–279)
Ein tugendhafter Charakter erscheint uns aufgrund unserer ruhigen Affekte (des moralischen Gefühls) als angenehm und kann damit die Ursache (cause) von Stolz wie auch von Liebe sein. Sind wir selbst tugendhaft, so empfinden wir Stolz, erfahren wir von der Tugendhaftigkeit anderer, empfinden wir ihnen gegenüber Liebe. Der Gegenstand des Affekts sind im ersten Fall wir selbst, im zweiten Fall andere Personen.
Hume spricht in Bezug auf die Entstehung indirekter Affekte von einem doppelten Impuls. (Vgl. T 2.1.4.4; SBN 284; T 2.1.5.10; SBN 289) Dieser beruht zum einen auf einer Assoziation einander ähnlicher Affekte und zum anderen auf einer Assoziation von Vorstellungen, die nach den drei bekannten Assoziationsprinzipien abläuft. Welcher Affekt entsteht, hängt also in starkem Maße von der Assoziation der Vorstellungen ab. Die Vorstellung meines tugendhaften Freundes erzeugt für sich betrachtet Liebe in mir. Wird mein Denken jedoch auf die Beziehung zwischen uns und damit auch auf mich selbst gelenkt, so werde ich stolz (auf ihn) sein.

Anders als Stolz und Scham, die unser Handeln nach Hume nicht direkt beeinflussen, sind Liebe und Hass stets von den potenziell handlungsleitenden Affekten *Wohlwollen* (benevolence) bzw. *Zorn* (anger) begleitet. Wohlwollen wird dabei als der Wunsch oder das Verlangen verstanden, dass es dem anderen gut bzw. nicht schlecht ergehen möge, Zorn als das genaue Gegenteil. (Vgl. T 2.2.6.1–6; SBN 366–368)

Drei weitere bedeutsame indirekte Affekte sind die Affekte *Mitleid* (compassion), *Schadenfreude* (malice) und *Neid* (envy). (Vgl. T 2.2.7f..; SBN 368–380) Um ihre Entstehung zu erklären, verweist Hume auf ein überaus wirkmächtiges Prinzip der menschlichen Natur: die *Sympathie* (sympathy).

Es ist wichtig, zu verstehen, dass Sympathie für Hume kein Affekt ist, sondern ein grundlegendes Prinzip, das an der Entstehung verschiedener Affekte mitwirkt.[40] Er bezeichnet mit diesem Begriff gerade nicht persönliche Zuneigung, sondern unsere allgemeine Fähigkeit, uns in die Gefühle anderer (auch Fremder) einzufühlen.[41] Sympathie bewirkt, dass aus unserer lebhaften Vorstellung der Befindlichkeit anderer in uns selbst ein Eindruck entsteht. Hume wählt für diesen Vorgang das Bild zweier gleich gespannter Saiten eines Musikinstruments: Gerät eine Saite in Schwingung, schwingt die andere mit. (Vgl. T 3.3.1.7; SBN 575f.) Die Rolle, die das Prinzip der Sympathie für Humes praktische Philosophie spielt, ist hinsichtlich ihrer Bedeutsamkeit mit der Rolle vergleichbar, die das Prinzip der Gewohnheit innerhalb seiner theoretischen Philosophie einnimmt.

Wer verstanden hat, wie Sympathie funktioniert, wird keine Probleme haben, sich die Entstehung von Mitleid zu erklären. Aus Erfahrung weiß man, dass Menschen, die weinen, in der Regel Trauer empfinden. Wenn jemand direkt vor sich einen weinenden Menschen sieht, assoziiert er daher die lebhafte Vorstellung von Trauer. Die Sympathie wandelt diese lebhafte Vorstellung in den Eindruck der Trauer um. Der Beobachter *weiß* nicht nur, wie sich die trauernde Person fühlt, sondern *fühlt* mit ihr mit.

Nun kommt es jedoch auch vor, dass Menschen angesichts des Unglücks anderer kein Mitleid, sondern Schadenfreude und angesichts ihres Glücks Neid empfinden. Wie lässt sich das erklären? Hier kommt ein weiteres wichtiges Prinzip der menschlichen Natur ins Spiel: der *Vergleich* (comparison). Wie Hume erklärt, haben alle Menschen die Neigung, die Dinge nicht objektiv, sondern relativ zu anderen zu betrachten. Ein naheliegender Vergleich ist dabei meist der mit uns selbst. Ein Missgeschick anderer erzeugt nach Hume Schadenfreude, wenn dem Beobachter dadurch bewusst wird, wie gut er selbst es in diesem Moment hat. Analog dazu wird der Lottogewinn des Nachbarn eher Neid als Freude auslösen, wenn der eigene Zustand vor dem Hintergrund jenes Glücks als weniger positiv erscheint.

Ob man beim Gedanken an das Leid anderer Mitleid oder Schadenfreude empfindet, hängt nach Hume davon ab, wie lebhaft man sich ihr Leid vorstellt. Weniger lebhafte Vorstellungen bewirken eher den Vergleich mit der eigenen Situation und führen dementsprechend zu Schadenfreude. Eine lebhaftere Vorstellung desselben Leids fesselt die Gedanken stärker an den Leidenden und lässt Mitleid aufkommen. Zudem fällt es naturgemäß leichter, mit Menschen zu sympathisieren, die in einer besonderen Beziehung zu einem selbst stehen. Dabei kann es sich um freundschaftliche oder familiäre Beziehungen handeln, aber auch um die bloße Tatsache, dass sich die Betreffenden in unserer unmittelbaren Nähe aufhalten oder uns in einer gewissen Hinsicht ähnlich sind. (Vgl. T 3.3.1.14; SBN 581; T 2.2.4.6; SBN 354)

Eine bemerkenswerte Tatsache liegt in dem Umstand, dass der unangenehme Affekt des Mitleids oft vom angenehmen Affekt des Wohlwollens begleitet wird. Ist es nicht Humes These, dass die Assoziation zwischen Affekten allein auf ihrer Ähnlichkeit beruht? Wie kann dann ein unangenehmer Affekt einen angenehmen Affekt nach sich ziehen?

Affekte, die von einem Streben oder Wünschen begleitet werden, können sich Hume zufolge nicht nur hinsichtlich ihrer

Empfindungsqualität und Stärke ähneln, sondern auch hinsichtlich ihrer Richtung. (Vgl. OTP 3.9) Liebe wird von dem Wunsch begleitet, dass es einem Menschen, dem es gut geht, auch zukünftig gut oder noch besser gehen möge. Mitleid wird von dem Wunsch begleitet, dass es einem Menschen, dem es jetzt schlecht geht, zukünftig gut oder zumindest besser gehen möge. Liebe und Mitleid haben in diesem Sinne dieselbe Richtung.

Wenn wir mit einem anderen mitleiden, empfinden wir zunächst nur einen negativen Affekt. Ist unsere Sympathie mit unserem Gegenüber jedoch stark genug, so dehnt sie sich auch auf seine Zukunft aus. Wird unser Denken auf die Zukunft des Leidenden gelenkt, so wünschen wir uns, dass es ihm bald besser gehen möge. In dieser Hinsicht besteht also eine Ähnlichkeit zwischen Mitleid und Wohlwollen ebenso wie zwischen Schadenfreude bzw. Neid und Zorn. (Vgl. T 2.2.9.12–15; SBN 385–387) Die Entstehung potenziell handlungsleitender Affekte hängt damit in hohem Maße von dem Grad ab, in dem wir mit anderen sympathisieren.

Wenn aufgrund all dieser Prinzipien zum selben Zeitpunkt gegensätzliche Affekte in uns entstehen, so kann dies von uns ganz unterschiedlich erlebt werden. In seiner Beschreibung derartiger Phänomene wird die Parallele, die Hume zwischen psychologischen und naturwissenschaftlichen Phänomenen sieht, besonders deutlich. (Vgl. OTP 1.21–25)

Werden zwei gegensätzliche Affekte von zwei verschiedenen Objekten erzeugt, beeinflussen sie sich gegenseitig nicht. Sie verhalten sich, so Hume, wie zwei Flüssigkeiten in getrennten Behältern. Man kann zum Beispiel gleichzeitig hoffen, am Samstag im Lotto zu gewinnen, und befürchten, dass das Wetter am Wochenende schlecht werden wird.

Werden zwei gegensätzliche Affekte von zwei verschiedenen, aber eng miteinander verbundenen Objekten erzeugt, geraten sie in Widerstreit und neutralisieren sich gegenseitig. Hume erklärt, in diesem Fall verhalten sich die Affekte ähnlich wie Säure und Base im selben Behälter. Begegnet man beispielsweise zwei Menschen, von denen man den einen mag und den anderen nicht, entscheidet die Stärke der Zu- bzw. Abneigung darüber, ob man die Begegnung insgesamt als angenehm, unangenehm oder indifferent empfindet.[42]

Werden zwei gegensätzliche Affekte schließlich im gleichen Maße vom selben Objekt erzeugt, so erzeugt dies emotionale Unruhe. Beide Affekte bleiben bestehen und werden abwechselnd die Oberhand gewinnen. In diesem Fall verhalten sie sich wie Essig und Öl im selben Behälter; so sehr man das Behältnis auch schüttelt, sie lassen sich nicht vermischen. Ein solcher Fall liegt beispielsweise vor, wenn Sie erfahren, dass eine von Ihnen geliebte Person anderen Ihnen zuliebe etwas Böses angetan hat. In diesem Fall werden Sie ihr gegenüber abwechselnd Liebe und Hass empfinden.

In welcher Weise lässt sich nun das Phänomen des *Willens* (will) in diesen Mechanismus der Affekte einordnen? Wie bereits erwähnt, unterscheidet Hume zwischen Affekten, die unser Handeln direkt bestimmen, und solchen, die das nicht tun. Beispiele für handlungsleitende Affekte sind Verlangen, Abneigung, Wohlwollen und Zorn. Der innere Eindruck des Willens entsteht nach Hume, wenn wir glauben, dass wir durch einen geistigen oder körperlichen Akt etwas, was wir begehren, erreichen oder etwas, dem gegenüber wir Abneigung verspüren, vermeiden können.[43] Der Wille ist nach Hume damit kein ursprüngliches empirisches Prinzip, das aus sich selbst heraus Handlungen erzeugt, sondern nur ein innerer Eindruck neben anderen. Er verursacht unsere Handlungen nicht, sondern begleitet sie nur.[44] Die eigentliche Ursache unserer Handlungen sind unsere Affekte, sofern sie von einem Wunsch oder Verlangen begleitet werden.

Das Scheingefecht zwischen Vernunft und Gefühl

Wie bereits erwähnt, setzt sich ein Motiv – verstanden als die Ursache einer Handlung – Humes Ansatz zufolge stets aus einem handlungsleitenden Affekt und einer Überzeugung zusammen. Wenn man aus irgendeinem äußeren Anlass heraus an Speiseeis denkt, mag der Affekt des Verlangens nach Eiscreme entstehen. Doch nur wenn man zusätzlich davon überzeugt ist, dass sich im Gefrierschrank Eiscreme befindet, wird man in die Küche gehen, um sich eine Portion zu holen. Bleibt die Handlung aus, obwohl Affekt und Überzeugung gegeben sind, so lässt sich dies nach Hume nur durch das Vorhandensein eines stärkeren Gegenmotivs erklären. Sofern der Betreffende beispielsweise zusätzlich den Wunsch verspürt, schlank zu sein, kann dieser Wunsch in Kombination mit der Überzeugung, dass Eiscreme dick macht, bei ausreichender Stärke dazu führen, dass er dem Verlangen nach Eiscreme widersteht. Humes Aussage, dass die Vernunft die Sklavin der Affekte ist, lässt sich so verstehen, dass sie uns lediglich mit möglichst korrekten Informationen über die Welt versorgt, auf die wir dann mit bestimmten Affekten reagieren, und uns die Mittel aufzeigt, um die von diesen Affekten vorgegebenen Zwecke zu erreichen. Nach Hume ist es daher völlig verfehlt, von einem Kampf zwischen Vernunft und Affekten zu sprechen. Die seit der Antike verbreitete These, dass es die Aufgabe der Vernunft sei, unsere Affekte zu kontrollieren, ist für Hume schlicht falsch. Die Vernunft ist das Vermögen, zwischen Wahrheit und Irrtum zu unterscheiden. Sie kann nicht praktisch sein, also nicht aus sich selbst heraus Handlungen bewirken oder verhindern. Die Wirksamkeit eines Affekts kann nur durch das Wirken eines stärkeren Gegenaffekts aufgehoben werden. (Vgl. T 2.3.3.1–7; SBN 413–417)

Wenn alles Handeln letztlich auf Affekten beruht, woher stammt dann aber die weit verbreitete Vorstellung eines Kampfes zwischen Vernunft und Gefühl oder die umgangssprachliche Redeweise von mehr oder weniger »vernünftigen« Handlungen?

Letztere kann teilweise darauf zurückgeführt werden, dass man wahre und falsche Überzeugungen darüber haben kann, wie sich die durch die Affekte vorgegebenen Zwecke am besten erreichen lassen. Falls man ein Verlangen nach Eiscreme verspürt, ist es in diesem Sinne nur dann »vernünftig«, zum Gefrierschrank zu gehen, wenn sich darin auch tatsächlich Eiscreme befindet. Im eigentlichen Sinne vernünftig oder unvernünftig ist in derartigen Fällen also nicht die Handlung, sondern die Überzeugung, die einen Teil des Handlungsmotivs ausmacht. Aber wie lässt sich die Aussage bewerten, dass es »vernünftiger« wäre, statt der Eiscreme etwas Gesünderes wie etwa einen Apfel zu essen?

Wenn wir von einer »praktischen Vernunft« reden, die zum Handeln motivieren kann, so meinen wir nach Hume in Wahrheit etwas, was gar nichts mit Vernunft (im Sinne theoretischer Vernunft) zu tun hat. Wir meinen ruhige Affekte.[45] Was wir umgangssprachlich als Konflikt zwischen Affekten und Vernunft bezeichnen, ist nach Hume ein Konflikt zwischen heftigen und ruhigen Affekten. Bei diesen ruhigen Affekten handelt es sich entweder um bestimmte ursprüngliche Instinkte wie die Liebe zum Leben oder die Freundlichkeit gegenüber Kindern oder um das allgemeine Streben nach dem Guten bzw. die Abneigung gegenüber dem Schlechten. (Vgl. T 2.3.3.8–10; SBN 417 f.)

Ruhige Affekte treten nicht so deutlich in unser Bewusstsein wie heftige; wir empfinden sie nicht so intensiv und verwechseln sie daher mit bloßen Vorstellungen, also mit Gegenständen der Vernunft. In ihrem affektiven Gehalt erkennbar sind ruhige Affekte in der Regel nur, wenn wir die Dinge distanziert und aus einer ausgeglichenen Gemütslage heraus betrachten, in der die ruhigen Affekte nicht von heftigen Affekten überlagert werden.

Die ruhigen Affekte haben mit der Vernunft zum einen ihre ruhige Wirkungsweise gemeinsam, zum anderen ihre allgemeine Verbreitung in der menschlichen Natur. Man könnte sagen: Die Prinzipien der Vernunft sind nach Hume die dauerhaften und allgemeinen Prinzipien des Denkens, während die ruhigen Affekte die dauerhaften und allgemeinen Prinzipien des Fühlens darstellen. Einzig das Charakteristikum der Unwiderstehlichkeit, das Hume den Prinzipien der Vernunft zuspricht, lässt sich auf die ruhigen Affekte nicht übertragen, da ihre motivationale Wirksamkeit nur zu oft zumindest zeitweise von stärkeren, heftigen Affekten aufgehoben wird.

Dass Gesundheit etwas Gutes ist und dass sie sich durch den Verzehr von Äpfeln in der Regel eher als durch den Verzehr von Eiscreme erhalten lässt, wird niemand bestreiten. Das allgemeine Verlangen nach Gesundheit tritt jedoch in Form eines ruhigen Affektes auf, während sich das Verlangen nach Eiscreme durchaus als heftiger Heißhunger äußern kann. Ob man in der fraglichen Situation die Eiscreme oder den Apfel isst, wird jedoch nicht von der Intensität, sondern von der Stärke abhängen, mit der die jeweiligen Affekte empfunden werden.

Ein Mensch, dessen Entscheidungen grundsätzlich eher von ruhigen als von heftigen Affekten bestimmt werden, verfügt nach Hume über die Tugend der *Geistesstärke* (strength of mind). Wenn Hume sagt, dass es nicht unvernünftig oder irrational sei, den Untergang der ganzen Welt einem Ritz am eigenen Finger vorzuziehen (vgl. T 2.3.3.6; SBN 416), so behauptet er damit nicht, dass ein solches Verhalten genauso richtig ist wie die gegenteilige Entscheidung. Er will damit lediglich sagen, dass es nicht deshalb falsch ist, weil es unvernünftig ist, denn Handlungen als solche sind im Gegensatz zu Überzeugungen niemals im strengen Sinne vernünftig oder unvernünftig. Das geschilderte Verhalten ist vielmehr falsch, weil es nicht tugendhaft ist. Ein tugendhafter Charakter würde sich von seinen ruhigen Affekten leiten lassen und den kurzzeitigen Schmerz in Kauf nehmen, um den Rest der Welt (für andere und für sich selbst) zu retten.

Der verbreitete Vorwurf, dass Hume über kein Konzept praktischer Rationalität verfügt, ist daher der Sache nach zwar berechtigt. Gerecht wird man Humes Theorie aber nur, wenn man zusätzlich erwähnt, dass er stattdessen über eine Theorie der Geistesstärke verfügt, die systematisch eine sehr ähnliche Funktion erfüllt.

Betrachtet man Humes Affekt- und Handlungstheorie im Ganzen, so wird klar, dass die Vernunft sowohl an der Entstehung von Handlungen als auch an der Entstehung einzelner Affekte beteiligt ist. Ohne die Fähigkeit zu Kausalschlüssen und zur Abschätzung von Wahrscheinlichkeiten wäre unser Repertoire an Affekten deutlich kleiner, da wir beispielsweise nicht zwischen den direkten Affekten Freude, Trauer, Hoffnung und Furcht differenzieren könnten. Und weil die Entstehung der indirekten Affekte nach Hume zumindest teilweise auf einer Assoziation von Vorstellungen beruht, lassen auch sie sich nicht gänzlich losgekoppelt von der Vernunft denken.

Humes Handlungstheorie darf daher zwar durchaus als radikale, nicht jedoch als vernichtende Vernunftkritik verstanden werden. Sie läuft letztlich auf die Erkenntnis hinaus, dass Denken und Fühlen zwar einerseits im Bereich philosophischer Theoriebildung sorgsam auseinandergehalten werden sollten, andererseits jedoch in der Praxis eng miteinander verzahnt sind. Hume will nicht behaupten, dass die Vernunft für das Fühlen und Handeln unwichtig ist, sondern nur, dass sie nicht auf sich allein gestellt handlungsleitend sein kann, dass also in jedem Einzelfall zusätzliche natürliche Prinzipien angeführt werden müssen, um menschliches Handeln zu erklären.[46] Die Vernunft wird von Hume somit zwar entzaubert, aber keineswegs bagatellisiert. Sie erhebt den Menschen nicht über den Rest der Natur, erweist sich für eine erfolgreiche Lebensführung jedoch in vielerlei Hinsicht als unverzichtbar.

Lässt sich über Geschmack streiten?

Hume spricht der Vernunft nicht nur die Fähigkeit ab, handlungsleitend zu sein, sondern auch die Fähigkeit, bewertende Urteile zu fällen. Unter bewertenden Urteilen sind dabei diejenigen Urteile zu verstehen, die anders als unsere Vernunfturteile nicht auf der Unterscheidung zwischen wahr und falsch, sondern auf der Unterscheidung zwischen gut und schlecht aufbauen. Unsere Vorstellungen von gut und schlecht lassen sich nach Hume auf Eindrücke zurückführen, die ihrer Empfindungsqualität nach angenehm oder unangenehm sind. Das Vermögen, derartige Empfindungen zu haben, bezeichnet Hume als Geschmack (taste).

Neben dem sensorischen Geschmackssinn (schmecken, riechen …) kennt Hume einen ästhetischen und einen moralischen Geschmack. (Vgl. T 3.3.1.15; SBN 581; Es 226.) Beide beruhen nicht auf direkten sensorischen Sinnesempfindungen, sondern auf bestimmten (ruhigen) Affekten, die bei der lebhaften Perzeption bestimmter Gegenstände entstehen. Wer Humes Theorie der Ästhetik kennt, hat es deutlich leichter, seine Theorie der Moral zu verstehen, daher soll der ästhetische Geschmack an dieser Stelle zuerst erläutert werden. (Vgl. Es 226–249; »Of the Standard of Taste«)

Ästhetische Geschmacksurteile beruhen Hume zufolge auf bestimmten (ästhetischen) Empfindungen. Schön ist, was Menschen als schön empfinden. Die Vernunft ist für ästhetische Urteile nicht zuständig, weil Empfindungen nicht wahr oder falsch sein können. (Vgl. EPM App. 1.21; SBN 294) Sie repräsentieren weder reale Tatsachen noch reale Vorstellungsbeziehungen und können daher nicht mit diesen verglichen werden. Nach Hume müssen Empfindungen als ursprüngliche Entitäten verstanden werden. Man hat sie oder hat sie nicht.

Dass wir den Wert eines Gegenstands im Gegenstand selbst zu erkennen meinen, liegt an der ruhigen Wirkungsweise der ästhetischen Empfindungen. Diese Ruhe macht es schwer, zwischen der Wahrnehmung eines Gegenstands und seiner ästhetischen Bewertung zu unterscheiden. Es handelt sich hier um einen natürlichen Irrglauben, nicht jedoch um einen natürlichen Glaubensinhalt. Denn anders als der Glaube an die Existenz der Außenwelt lässt sich der Glaube, dass der ästhetische Wert in den Dingen selbst statt in ihren Betrachtern liegt, durch vernünftige Überlegungen korrigieren.[47]

Mit dieser Auffassung läuft Hume Gefahr, als radikaler Subjektivist verstanden zu werden. Seine Theorie scheint auf die verbreiteten Volksweisheiten hinauszulaufen, dass Schönheit im Auge des Betrachters liegt und dass sich über Geschmack nicht streiten lässt. Diese Deutungsweise ist nicht falsch. Derartige Überlegungen stellen jedoch keineswegs Humes letztes Wort, sondern lediglich den Ausgangspunkt seiner Ausführungen zur Ästhetik dar.

Geschmacksurteile beruhen in dem Sinne auf subjektiven Empfindungen, wie auch Vernunfturteile auf Glauben, also dem subjektiven Eindruck des Fürwahrhaltens, beruhen. Da Hume den ästhetischen Geschmack ähnlich wie die Vernunft als ein konstantes Prinzip der menschlichen Natur betrachtet, hält er es jedoch auch im Fall der ästhetischen Werturteile für möglich, aus diesem Ansatz heraus einen intersubjektivierbaren Maßstab des Geschmacks zu entwickeln.

Wenn Hume von einem Maßstab des Geschmacks spricht, so kann dies auf zweierlei Weise verstanden werden. Der Geschmack kann zum einen als Maßstab für Schönheit angesehen werden, so wie die Vernunft als Maßstab der Wahrheit angesehen werden kann. Zum anderen kann auch gemeint sein, dass es einen Maßstab gibt, an dem der Geschmack selbst sich messen lassen muss. Humes Ausführungen zur Ästhetik lassen beide Deutungsweisen als gerechtfertigt erscheinen.

Fragt man die Menschen, was sie schön finden, so stellt man schnell fest, dass sich ihre diesbezüglichen Empfindungen oft stark unterscheiden. Zwar sind sich alle einig, dass Schönheit positiv zu bewerten ist. Was genau jedoch im Einzelfall als schön bezeichnet wird, variiert von Person zu Person.

Es macht dabei einen bedeutenden Unterschied, ob jemand sagt: »Das *finde ich* schön« oder »Das *ist* schön«. Nur im ersten Fall gilt, dass man diese subjektive Meinung nicht weiter kritisieren kann, sofern der Sprecher authentisch seine Empfindungen äußert. Im zweiten Fall spricht der Sprecher aber nicht über seine Empfindungen, sondern über den Gegenstand, der diese Empfindungen hervorruft. Hier macht es daher durchaus Sinn, darüber zu diskutieren, ob dieser Gegenstand wirklich schön ist, oder besser: ob die positiven Gefühle des Sprechers gegenüber diesem Gegenstand angemessen sind oder nicht.

Einerseits ist Schönheit für Hume also keine objektive Eigenschaft der Dinge, sondern eine Frage der subjektiven Bewertung. Andererseits scheint es jedoch nicht immer angemessen zu sein, subjektive Geschmacksempfindungen zur Grundlage von Geschmacksurteilen zu machen, die einen Anspruch auf intersubjektive Gültigkeit erheben. Die Behauptung, dass Shakespeares *Hamlet* ein Theaterstück von hohem ästhetischem Wert ist, wird allgemein als intersubjektiv zustimmungsfähig erachtet. Für die Behauptung, dass Seifenopern einen ähnlich hohen ästhetischen Wert besitzen, gilt dies hingegen nicht. Woran liegt das?

Bloße Mehrheitsentscheidungen können hier offensichtlich keine Rolle spielen, denn in diesem Fall müsste es sich im gerade genannten Beispiel genau umgekehrt verhalten. Die Zahl der Menschen, die an Seifenopern Gefallen finden, übersteigt deutlich die Zahl derer, die sich klassische Theaterstücke anschauen. Hume geht diesen Weg daher auch nicht. Der Maßstab des Geschmacks liegt für ihn nicht in den ästhetischen Empfindungen der Mehrheit, sondern in den ästhetischen Empfindungen derjenigen Individuen, die auf dem betreffenden Gebiet als ausgewiesene Experten betrachtet werden können.

Ästhetische Empfindungen entstehen nicht zufällig, sie stehen in einem kausalen Verhältnis zu bestimmten Ursachen. Kunstwerke, die wir als schön empfinden, weisen bestimmte Eigenschaften auf, deren lebhafte geistige Vergegenwärtigung in uns bestimmte positive Gefühle entstehen lässt. Der ästhetische Geschmack funktioniert nach Hume prinzipiell bei allen Menschen gleich, weil er zur grundlegenden Ausstattung der menschlichen Natur gehört. Es müssen jedoch bestimmte Bedingungen erfüllt sein, damit uns unser ästhetischer Geschmack tatsächlich zu Eindrücken führt, die als Grundlage für intersubjektivierbare Werturteile dienen können. Als Kriterien dafür, dass wir uns auf unsere ästhetischen Gefühle wirklich verlassen können, nennt Hume folgende Punkte (vgl. Es 232–241):

Erstens müssen wir emotional ausgeglichen und aufmerksam sein und unsere relevanten Wahrnehmungsorgane müssen gesund sein. Wer abgelenkt ist oder nicht genau hinschaut, kann ebenso wenig über den ästhetischen Wert von Gemälden urteilen wie ein Blinder.

Zweitens müssen wir über eine ausreichende Feinheit des Geschmacks verfügen. Darunter versteht Hume eine gewisse Sensibilität der Wahrnehmungsorgane und der Aufmerksamkeit, durch die sich selbst feinste Details eines Gegenstands erkennen lassen. Um beispielsweise die Virtuosität eines Geigenspielers beurteilen zu können, muss man unter anderem über ein besonders feines Gehör verfügen.

Drittens müssen wir entsprechend geübt sein und den Gegenstand unserer Beurteilung ausgiebig prüfen. Wer einen Roman zum ersten Mal liest, kann dessen Vielschichtigkeit noch nicht so treffend beurteilen wie jemand, der sich bereits mehrfach intensiv mit ihm auseinandergesetzt hat.

Viertens müssen wir mit unterschiedlichen Formen und Graden ästhetischer Qualität vertraut sein. So werden Vergleiche zwischen verschiedenen Kunstwerken möglich. Der ästhetische Wert einer bestimmten Symphonie kann in einer Hinsicht höher als der einer anderen sein, gleichzeitig jedoch in anderer Hinsicht deutlich hinter ihr zurückbleiben.

Fünftens müssen wir frei von Vorurteilen sein, da diese unser Urteilsvermögen beeinträchtigen. Wer glaubt, dass deutsche Weine grundsätzlich minderwertig sind, verfügt nicht über die nötige Offenheit, sich in einem konkreten Fall vom Gegenteil überzeugen zu lassen.

Sechstens müssen wir über einen gesunden Verstand verfügen. Dieser erlaubt es uns, zu erkennen, ob der Gegenstand den Zweck, den er erfüllen soll, auch tatsächlich erfüllt. Um zum Beispiel den ästhetischen Wert einer Fabel zu verstehen, müssen wir in der Lage sein, ihre Moral zu begreifen.

Nur wer all diese Bedingungen erfüllt, kann sich auf seine ästhetischen Gefühle als Grundlage für allgemeingültige ästhetische Werturteile verlassen.[48] Oder anders ausgedrückt: Hume vertritt die Ansicht, dass alle menschlichen Individuen, die diese Bedingungen erfüllen, gegenüber einem bestimmten Gegenstand dieselben oder zumindest sehr ähnliche ästhetische Empfindungen haben werden.

Prinzipiell steht es zwar vielen Menschen offen, zu qualifizierten Kunstrichtern zu werden. Der damit verbundene zeitliche Aufwand sorgt jedoch dafür, dass die Zahl ausgewiesener Experten in der Praxis überschaubar bleibt. Qualifizierte ästhetische Werturteile sind für Hume in diesem Sinne eine vergleichsweise elitäre Angelegenheit.

Wer nicht zur Gruppe der qualifizierten Kunstkritiker gehört, darf natürlich weiterhin sagen, dass er dieses oder jenes Kunstwerk als schön oder hässlich empfindet. Er sollte von diesen ästhetischen Empfindungen allerdings nicht zu dem Urteil voranschreiten, dass die fraglichen Kunstwerke tatsächlich schön bzw. hässlich sind. So kommt es, dass wir über ein Kunstwerk sagen können, es gefalle uns nicht, ohne aber daran zu zweifeln, dass es von ästhetischem Wert ist. In Fällen wie diesem suchen wir den Fehler nicht beim Künstler, sondern bei uns selbst. Das Kunstwerk gefällt uns zwar nicht, doch wenn wir echte Kunstkenner wären, würde es uns gefallen.

Treten zwischen den Werturteilen qualifizierter Experten gravierende Unterschiede auf, so lassen sich diese nach Hume nur auf zwei Arten erklären: Zum einen können die Experten aus grundlegend unterschiedlichen Gemütsverfassungen heraus urteilen. Zum anderen können die Urteilenden von unterschiedlichen Sitten ihres Landes oder ihrer Zeit geprägt sein. (Vgl. Es 243)

Diese Quellen der Uneinigkeit lassen sich nicht beseitigen. Manche Musikstücke oder Gedichte erscheinen uns in einer bestimmten Stimmung als schön, in einer anderen als banal. Und auch hinsichtlich der kulturellen Prägung macht es im Bereich der Ästhetik nach Hume keinen Sinn, zu behaupten, dass einer der Urteilenden von »besseren« Sitten geprägt ist als der andere. Mit diesen Unterschieden im ästhetischen Geschmack muss man einfach leben. Da sie in der Regel jedoch nicht die Richtung, sondern nur den Grad der ästhetischen Wertschätzung betreffen, bereitet dieser Umstand Hume zufolge keine nennenswerten Schwierigkeiten.

Was in diesem Kapitel zur Ästhetik gesagt wurde, lässt sich bis zu einem gewissen Maß auf Humes allgemeine Vorstellung von wertenden Urteilen ausdehnen: Nichts in der Welt hat aus sich selbst heraus einen Wert. Werte werden nicht als bestehende Eigenschaften der Dinge *wahrgenommen*, sondern durch unsere Empfindungen erst *hervorgebracht*. Sie sind damit nicht nur epistemologisch, sondern auch ontologisch an ein empfindungsfähiges Subjekt gebunden.

Unsere subjektiven Wertempfindungen stellen sich jedoch nicht zufällig ein. Den Unterschieden in unseren Wertempfindungen entspricht ein Unterschied aufseiten der Objekte unserer Bewertung. Verschiedene Gegenstände haben unterschiedliche, von ihren Betrachtern unabhängige Eigenschaften, deren Perzeption unterschiedliche Wirkungen hervorruft.[49] Wenn uns der eine Wein gut schmeckt, der andere hingegen nicht, so liegt das nicht allein an uns, sondern auch an den Eigenschaften der beiden Weine.

Wichtig ist, dass wir es hier mit zwei unterschiedlichen Arten von Tatsachen zu tun haben, die kausal miteinander verbunden sind und nicht miteinander verwechselt werden dürfen: Wertempfindungen sind Tatsachen, die im betrachtenden Subjekt entstehen. Ihre Ursache haben sie jedoch in einer anderen Art von Tatsache, die außerhalb des Subjekts liegt, der aus sich selbst heraus aber keinerlei Wert anhaftet. Werte sind damit keine Eigenschaften von Dingen in der betrachterunabhängigen Außenwelt, sondern etwas, was hervorgebracht wird, wenn diese Eigenschaften von Subjekten, deren Empfindungsapparat für diese Eigenschaften empfänglich ist, mit ausreichender Lebhaftigkeit perzipiert werden.

Die lebhafte Perzeption der Eigenschaften desselben Objekts kann bei unterschiedlichen Betrachtern unterschiedliche Empfindungen hervorrufen, sofern sich die natürliche Beschaffenheit ihrer Organe unterscheidet. Was dem einen schmeckt, muss dem anderen nicht ebenfalls schmecken. Nach Hume gibt es jedoch Bereiche, in denen die natürliche Beschaffenheit der Organe aller gesunden menschlichen Individuen in ausreichender Weise übereinstimmt, um intersubjektiv zustimmungsfähige Urteile zu ermöglichen. Dies ist im Bereich der Ästhetik und der Moral der Fall.

In diesen Bereichen kann das von allen subjektiven Störfaktoren befreite Urteil derjenigen, die über einen gesunden Wahrnehmungsapparat verfügen, vollständig und korrekt über alle relevanten Fakten informiert sind und über ausreichende Erfahrungen mit dem zu bewertenden Gegenstand verfügen, als ein intersubjektiv gültiger Maßstab betrachtet werden. Gemessen an diesem Maßstab sind die Werturteile anderer zwar noch immer nicht im eigentlichen Sinne wahr oder falsch, erscheinen jedoch als dem zu bewertenden Gegenstand mehr oder weniger angemessen.

Sein und Sollen

Hume führt seine Vernunftkritik auch im Bereich der Moral fort. Rationalisten wie Samuel Clarke und William Wollaston (1659–1724) sind der Meinung, dass moralische Unterscheidungen durch die Vernunft getroffen werden. Clarke geht dabei von einem immerwährenden göttlichen Prinzip aus, das vorgibt, in welchem Verhältnis die Dinge zueinander stehen und gleichzeitig auch stehen sollen. Gemessen an diesem normativen Prinzip entdecken wir in der Welt bestimmte Angemessenheiten und Unangemessenheiten (fitnesses and unfitnesses)[50], an denen wir uns nach Clarke in unserem Handeln zu orientieren haben. Für Wollaston ist jede gute Handlung Ausdruck eines wahren Satzes, während schlechte Handlungen stets zu einem oder mehreren wahren Sätzen in Widerspruch stehen. Beiden Theorien ist gemeinsam, dass sie moralisches Handeln mit vernünftigem Handeln gleichsetzen und eine objektive Grundlage der Moral annehmen. Was moralisch gut oder schlecht ist, kann durch die vernunftgeleitete Betrachtung der äußeren Dinge bzw. der Verhältnisse, in denen sie zueinander stehen, erkannt werden.
Hume hält diesen Theorien entgegen, dass moralische Unterscheidungen nicht Sache der Vernunft sein können. Wären sie es doch, müssten sie entweder reale Vorstellungsbeziehungen oder reale Tatsachen repräsentieren und sich durch den Vergleich mit diesen als wahr oder falsch erweisen lassen. Nach Hume ist dies jedoch nicht der Fall. (Vgl. T 3.1.1.9; SBN 458)
Ohne es explizit zu erwähnen, wendet er hier seine übliche Methode an, indem er danach fragt, auf welchen Eindrücken unsere Vorstellung moralischer Unterscheidungen beruht. Er findet diese Eindrücke im moralischen Gefühl der Billigung oder Missbilligung.[51] Wie alle Eindrücke darf dieses Gefühl

nicht als Repräsentation von etwas anderem, sondern muss als eine ursprüngliche Entität verstanden werden. Dazu ein Beispiel:

Der analytische Satz »Wer Zahnschmerzen hat, hat Perzeptionen« ist immer und überall wahr, weil die in ihm ausgedrückte Vorstellungsbeziehung mit der realen Beziehung zwischen unseren Vorstellungen von Zahnschmerzen und Perzeptionen übereinstimmt. Der synthetische Satz »Diese Person hat Zahnschmerzen« ist dagegen nur wahr, wenn die in ihm behauptete Tatsache mit den realen Tatsachen übereinstimmt, wenn die gemeinte Person in dem Moment, in dem der Satz geäußert wird, also wirklich Zahnschmerzen hat. Der Eindruck des Zahnschmerzes selbst repräsentiert jedoch nichts von sich selbst Verschiedenes. Er muss als eigenständige, ursprüngliche Tatsache (original fact) betrachtet werden, die mit keiner Vorstellungsbeziehung und keiner anderen Tatsache hinsichtlich eines möglichen Widerspruchs verglichen werden kann. Zu behaupten, der Zahnschmerz könne wahr oder falsch sein bzw. mit der Vernunft übereinstimmen oder ihr widersprechen, wäre ein Kategorienfehler.

Dasselbe gilt nach Hume für das moralische Gefühl und damit auch für moralische Unterscheidungen. Weil moralische Unterscheidungen auf Eindrücken und infolgedessen auf ursprünglichen Entitäten beruhen, ist es nicht möglich, allein mithilfe der Vernunft von einem Sein auf ein Sollen zu *schließen*, also beispielsweise von der Beschreibung einer Handlung darauf, ob sie ausgeführt werden sollte oder nicht.

Diese als »Humes Gesetz« (Hume's Law) bekannt gewordene Erkenntnis wurde oft missverstanden und überinterpretiert. Die Standardinterpretation der fraglichen Textpassage (vgl. T 3.1.1.27; SBN 469 f.) besagt, Hume vertrete hier die Auffassung, man könne nicht von deskriptiven Ist-Sätzen auf normative Soll-Sätze schließen. Die Gegenposition behauptet, Hume wolle lediglich zeigen, dass nur von bestimmten Ist-Sätzen auf Soll-Sätze geschlossen werden darf, nämlich von denjenigen, die bestimmte menschliche Gefühle beschreiben.[52]

Ein Großteil dieser Kontroverse beruht auf der Annahme, Humes Gesetz habe grundsätzlich dieselbe Stoßrichtung wie die Lehre vom naturalistischen Fehlschluss von George Edward Moore (1873–1958).[53] Moore behauptet, der Begriff »gut« sei nicht definierbar. Was gut sei, könne vielmehr nur durch Intuition erkannt werden (Intuitionismus). Der Gleichsetzung von »gut« mit einer natürlichen Eigenschaft wie beispielsweise Nützlichkeit können wir nach Moore durch das Argument der offenen Frage begegnen: Wenn wir zugeben, dass der zu bewertende Gegenstand (etwa eine Handlung) nützlich ist, macht es noch immer Sinn, zu fragen, ob er auch gut ist. Daher können »gut« und »nützlich« nicht dasselbe bedeuten.

Hume vermeidet den naturalistischen Fehlschluss nun nicht dadurch, dass er es unterlässt, sich bei der Erklärung unserer moralischen Unterscheidungen auf natürliche Eigenschaften zu beziehen. Er vermeidet ihn, indem er bestreitet, dass moralische Unterscheidungen durch einen Akt des Schließens entdeckt werden. Was tugendhaft oder lasterhaft ist, erkennen wir nicht durch einen Vernunftschluss, aber auch nicht – wie Moore behauptet – durch eine nicht näher erklärbare Intuition. Wir *fühlen* es.[54]

Dieser Unterschied zwischen Intuition und Gefühl ist keine bloße Wortstreitigkeit, denn die Entstehung von Gefühlen ist für Hume, wie bereits erwähnt, keineswegs ein Mysterium. Sie beruht vielmehr auf einem konstanten Mechanismus, der sich akkurat beschreiben lässt. Anders als andere Moral-Sense-Philosophen wie zum Beispiel Francis Hutcheson (1694–1746)[55] macht Hume daher nicht bei der Feststellung halt, dass unsere moralischen Unterscheidungen auf einem moralischen Sinn, Gefühl oder Instinkt beruhen[56], sondern versucht, dieses Gefühl näher zu erklären, indem er die empirischen Bedingungen seiner Entstehung untersucht. (Vgl. T 3.1.2.11; SBN 475 f.)

Nachdem dies geleistet ist, kann man auch Hume zufolge von der Beschreibung eines bestimmten Gegenstands darauf schließen, dass er das moralische Gefühl der Billigung bzw.

Missbilligung erzeugen wird und dementsprechend die Bezeichnung als tugendhaft bzw. lasterhaft verdient. Bei diesem Schluss handelt es sich jedoch um eine nachträgliche Verallgemeinerung, die auf der Erfahrung beruht, dass die lebhafte Perzeption bestimmter Gegenstände regelmäßig das moralische Gefühl der Billigung erzeugt. Diese Erfahrung würden wir nicht machen, wenn es kein von der Vernunft verschiedenes empirisches Prinzip unserer Natur gäbe, das auf die lebhafte Perzeption bestimmter Gegenstände mit der Erzeugung des moralischen Gefühls der Billigung reagiert.

Wenn ein Blinder erst einmal weiß, dass Licht einer bestimmten Wellenlänge bei Menschen mit einem gesunden Sehvermögen zu einer roten Farbwahrnehmung führt, so kann er von der Information über die Wellenlänge des Lichts in einem konkreten Einzelfall natürlich darauf schließen, ob es von anderen als rot wahrgenommen werden wird oder nicht. Er weiß deshalb jedoch noch nicht, was Rotsein bedeutet. Um dies zu wissen, müsste er Zugang zu einer spezifischen Wahrnehmungsqualität in Form eines visuellen Eindrucks haben. Ein Vernunftschluss ist jedoch nicht geeignet, ihm diesen Zugang zu verschaffen. Analog dazu besteht das Wesen moralischer Unterscheidungen für Hume nicht in etwas, was durch die Vernunft erkennbar wäre, sondern im moralischen Gefühl.

Hume ist aber kein Emotivist.[57] Er behauptet nicht, dass wir mit der moralischen Bewertung eines Gegenstands nur etwas über unsere eigenen, subjektiven Gefühle aussagen. Wir sagen vielmehr etwas über die reale Eigenschaft des Gegenstands aus, intersubjektiv einheitliche Gefühle zu erzeugen. Moralische Aussagen können (im Gegensatz zu den moralischen Unterscheidungen, auf denen sie beruhen) nach Hume also in einem bestimmten Sinne durchaus wahr oder falsch sein: Es kann entweder den realen Tatsachen entsprechen oder nicht, dass der in ihnen thematisierte Gegenstand die Eigenschaft besitzt, das moralische Gefühl der Billigung bzw. Missbilligung zu erzeugen. In Abgrenzung zum moralischen

Realismus schreibt Hume dieser Eigenschaft des Gegenstands selbst allerdings keinen direkten moralischen Wert zu. Er betrachtet sie vielmehr nur als die kausale Ursache unseres moralischen Wertempfindens.

Auch hier bietet sich zur Veranschaulichung ein Beispiel aus dem Bereich der Sinneswahrnehmungen an[58]: Wenn ein gesunder, erfahrener Mensch ein lautes Geräusch hört, schließt er daraus zu Recht auf die Existenz von Schallwellen in der äußeren Natur. Eine Schallwelle erzeugt zwar ein Geräusch; die Behauptung, sie sei selbst ein Geräusch, wäre jedoch ein Kategorienfehler. Eine Schallwelle kann daher ebenso wenig laut oder leise sein, wie ein Gegenstand einen von seinem Beobachter unabhängigen moralischen Wert haben kann.

Das Argument der offenen Frage lässt sich auf Humes Position nicht mit dem gewohnten Erfolg anwenden. Prinzipiell ist es zwar möglich, zuzugeben, dass etwas das moralische Gefühl der Billigung erzeugt, und dennoch danach zu fragen, ob es deshalb auch gut ist. Mit derselben Berechtigung könnten wir jedoch auch fragen, ob etwas, dessen Anblick in uns eine blaue Farbwahrnehmung erzeugt, auch wirklich blau ist. In beiden Fällen würde Hume auf die vermeintlich offene Frage antworten, er wolle gar nicht behaupten, dass das fragliche Prädikat (gut/blau) dem Gegenstand selbst zukomme. Er behaupte lediglich, dass unsere Vorstellung der Bedeutung dieser Prädikate auf Eindrücken beruhe, die sich als kausale Wirkungen des fraglichen Gegenstands auf bestimmte, intersubjektiv einheitlich arbeitende Prinzipien unserer Natur verstehen lassen.

Diese Überlegungen zeigen, dass Hume sich für die Frage der logischen Ableitbarkeit von normativen aus deskriptiven Sätzen im Rahmen seiner moralphilosophischen Überlegungen im Grunde gar nicht interessiert. Die logische Kluft zwischen Sein und Sollen ist in derselben Weise unüberwindlich wie die logische Kluft zwischen einer Ursache und ihrer Wirkung. Glücklicherweise sind wir jedoch gar nicht darauf angewiesen, normative Aussagen mit den Mitteln der Logik aus deskriptiven Aussagen abzuleiten. Ist man sich darüber erst einmal klar geworden, hat der Übergang zwischen Sein und Sollen nichts Mysteriöses mehr, weil das Sollen für Hume nur eine besondere Spielart des Seins darstellt.

Hume will zwar darauf aufmerksam machen, dass der Übergang von deskriptiven zu normativen Aussagen im Rahmen philosophischer Theoriebildung der Rechtfertigung bedarf und auf befriedigende Art erklärt werden muss.[59] Er bestreitet aber an keiner Stelle, dass eine solche Erklärung möglich ist. Wer nach ihr sucht, wird nach Hume zu der Erkenntnis gelangen, dass wir bestimmte Eindrücke in Form von Wertempfindungen haben, die aus sich selbst heraus normativ sind. Die natürliche Schnittstelle zwischen deskriptiven und normativen Aussagen liegt daher dort, wo wir deskriptive Aussagen darüber machen, unter welchen empirischen Bedingungen diese normativen Perzeptionen entstehen.

Einige Interpreten sehen in dieser Strategie einen Beleg dafür, dass Humes Theorie der Moral gar keine normative Komponente enthalte, sondern sich als reine Moralpsychologie lesen lasse.[60] Ich halte diese Sichtweise jedoch für verfehlt. Hume verfügt durchaus über ein Konzept von Normativität. Aufgrund seiner empiristischen Basis unterscheidet sich dieses Konzept jedoch grundlegend von den Normativitätsvorstellungen vieler anderer Philosophen. Gegen ein moralisches Sollen[61] zu verstoßen, bedeutet für Hume, etwas zu tun, dem gegenüber andere, die aus der Beobachterperspektive heraus urteilen und von der Handlung nicht betroffen sind, ein bestimmtes, allgemein geteiltes, negatives Gefühl empfinden. Wer dieses negative *moralische* Gefühl in anderen erzeugt, dem kann *zu Recht* vorgeworfen werden, dass er einen moralischen Fehler gemacht hat; er hätte in moralischer Hinsicht anders handeln *sollen*.[62]

Das moralische Gefühl

Obwohl in der Hume-Forschung häufig die systematische Eigenständigkeit der humeschen Moraltheorie betont wird[63], lässt sie sich in vielerlei Hinsicht als die natürliche Konsequenz seiner Überlegungen zu anderen zentralen Themen seiner Philosophie verstehen.

Unsere moralischen Unterscheidungen fallen ebenso wenig in den Aufgabenbereich der Vernunft wie das Treffen von Handlungsentscheidungen oder das Fällen ästhetischer Urteile. Hume geht jedoch von der Gleichförmigkeit zentraler Prinzipien der menschlichen Natur aus und nimmt außerdem an, dass der Mechanismus der Gefühle genauso zuverlässig und akkurat arbeitet wie die Prinzipien der Vernunft. Daher hält er es auch in moralischen Fragen für möglich, einen intersubjektiv zustimmungsfähigen Maßstab anzugeben.

Der eigentliche Gegenstand moralischer Unterscheidungen sind für Hume nicht Handlungen, sondern Charaktereigenschaften. (Vgl. T 3.3.1.4 f.; SBN 575) Der Grund dafür findet sich in seinem Verständnis menschlicher Freiheit. Da Hume unsere Handlungen als direkte Wirkungen unserer Motive versteht, ist die Kritik unserer Handlungen für ihn letztlich eine Kritik unserer Motive bzw. der Affekte als deren Grundlage. Die Gesamtheit unserer Motive bzw. deren innere Hierarchie macht das aus, was wir als unseren Charakter bezeichnen. Pointiert gesagt, bewerten wir durch moralische Urteile also die innere, charakterliche Schönheit eines Menschen. Die Vorstellung einer über den humeschen Freiheitsbegriff hinaus gehenden Freiheit des Willens ist im Bereich moralischer Urteile für Hume daher ebenso entbehrlich wie im Bereich unserer Urteile über äußerliche Schönheit. (Vgl. T 3.3.4.3; SBN 608 f.)

Die Parallelen zwischen Humes Moraltheorie und seiner Theorie ästhetischer Urteile sind in der Tat unverkennbar. Ein bedeutsamer Unterschied liegt jedoch darin, dass das Fällen ästhetischer Urteile für Hume eine Sache ausgewiesener Experten ist. In Fragen der Moral bedarf es anders als in Fragen der Ästhetik hingegen keiner intensiven und zeitraubenden Studien, um die für ein qualifiziertes Urteil nötigen Erfahrungen zu sammeln. Hier genüge die allgemeine Lebenserfahrung. (Vgl. T 3.2.9.4; SBN 552) Grundsätzlich ist also jeder gesunde, erwachsene Mensch in der Lage, qualifizierte moralische Urteile zu fällen. Es bedarf aber auch im Bereich der Moral einer Methode, um subjektive Gefühle von den für moralische Urteile relevanten Empfindungen zu trennen.

Mit seiner Ansicht, dass die Moral auf einem *moralischen Gefühl* (moral sentiment) beruht, steht Hume in der Tradition der Moral-Sense-Philosophie, zu der neben ihm selbst vor allem Anthony Ashley-Cooper, der 3. Earl of Shaftesbury (1671–1713), Francis Hutcheson und der heute in erster Linie als Ökonom bekannte Adam Smith (1723–1790) gezählt werden. Leider machen sich nicht alle Interpreten die Mühe, danach zu fragen, worin genau das moralische Gefühl für Hume eigentlich besteht. Einige verwenden den Begriff im Sinne von Wohlwollen, andere im Sinne von Sympathie, wieder andere im Sinne von Liebe oder dem Gefühl moralischer Billigung.

Die aus dieser Uneinigkeit resultierende Konfusion steht in direktem Gegensatz zu den Zielen und Methoden der humeschen Philosophie. Hume selbst kritisiert ausdrücklich die Neigung anderer Moral-Sense-Philosophen, ihre Überlegungen allzu schnell durch das Postulat eines moralischen Sinns zu beenden, von dem nicht weiter erklärt wird, woher er eigentlich kommt und wie genau er funktioniert. (Vgl. T 3.3.4.11; SBN 612; T 3.3.6.3; SBN 619) Ich möchte daher im Folgenden versuchen, den angesprochenen Begriffen ihren rechtmäßigen systematischen Platz innerhalb der humeschen Moralphilosophie zuzuweisen.

Das moralische Gefühl im engeren Sinne ist für Hume derjenige Eindruck, der es uns ermöglicht, moralische Unterscheidungen vorzunehmen. Diese Unterscheidungen können nicht allein auf Vernunft beruhen, da die Vernunft auf sich allein gestellt unfähig ist, zum Handeln zu motivieren, während moralische Unterscheidungen jedoch einen unmittelbaren Einfluss auf unsere Handlungen haben. Hume kommt zu dem Ergebnis, dass die Unterscheidung zwischen Tugend und Laster auf dem Gefühl der Billigung bzw. Missbilligung beruht. (Vgl. T 3.1.1.26; SBN 469) Dieses Gefühl kann damit als das eigentliche moralische Gefühl bezeichnet werden.[64] Billigung und Missbilligung sind ruhige, indirekte Affekte. (Vgl. T 3.3.5.1; SBN 614) Aus dieser Charakterisierung lässt sich rekonstruieren, wie Hume sich die Entstehung dieser Affekte vorstellt.

Der Prozess des moralischen Urteilens besteht aus mehreren Teilen, von denen der erste Teil auf Vernunftschlüssen beruht. (Vgl. T 3.3.1.7; SBN 575 f.) Ihre Aufgabe ist es, uns mit allen für ein moralisches Urteil benötigten Informationen zu versorgen. Wenn wir eine konkrete Handlung in einem bestimmten Handlungskontext lebhaft genug perzipieren, assoziieren wir zunächst durch einen unwillkürlichen Vernunftschluss die Motive, aus denen heraus sie ausgeführt wurde. Wir schließen somit von der Handlung auf ihre Ursache. Auf diese Art gelangen wir zu der lebhaften Vorstellung eines bestimmten Motivs. Diese führt uns wiederum zur Assoziation der üblichen Wirkung, die dieses Motiv hat, wenn man es als allgemeine Charaktereigenschaft betrachtet. Wir assoziieren also die allgemeine Vorstellung von Handlungen, die Menschen aufgrund derartiger Motive normalerweise ausführen. Wenn diese Handlungen im Allgemeinen nützliche oder schädliche Folgen haben, haben wir es nach Hume mit einer Handlung oder Charaktereigenschaft zu tun, die moralisch relevant ist.

Erfahren wir beispielsweise von einem Feuerwehrmann, der unter Einsatz seines Lebens versucht hat, andere Menschen aus einem brennenden Haus zu retten, so schließen wir daraus, dass er tapfer, wohlwollend und pflichtbewusst ist. Diese Eigenschaften werden ihm und seinem Umfeld im Allgemeinen nützlich sein. Daher handelt es sich um moralisch relevante Charaktereigenschaften.

Warum macht es Hume an dieser Stelle so kompliziert? Warum fragt er nicht direkt nach den offensichtlichen Folgen der konkret beobachteten Handlung? Weil diese Folgen nicht allein vom Motiv des Handelnden, sondern zu wesentlichen Teilen vom Kontext der Handlung abhängen. Der Feuerwehrmann wird, so Hume, für seinen Mut gelobt. Dieses Lob ist aber unabhängig davon, ob sein Rettungsversuch erfolgreich war. (Vgl. T 3.3.1.19 f.; SBN 584) Eine Handlung ist für Hume nicht dann tugendhaft, wenn sie nützliche Folgen hat (Konsequenzialismus), sondern dann, wenn sie aus einem Motiv heraus ausgeführt wird, das die allgemeine *Tendenz* hat, nützliche Handlungen zu bewirken.[65] Hier unterscheidet sich Humes Moraltheorie grundsätzlich von utilitaristischen Theorien, in deren Zentrum die faktische Maximierung des Gesamtnutzens steht. Moralische Handlungen zielen für Hume nicht auf einen bestimmten Zustand der Welt ab, den es herzustellen gilt, sondern lassen sich als Wirkungen von bestimmten, üblicherweise nützlichen Charaktereigenschaften verstehen.

Dazu kommt, dass die direkte Wahrnehmung des konkreten Nutzens einer Einzelhandlung in einem Beobachter keine ruhigen, sondern heftige Affekte erzeugen würde. Derartige Gefühle können und dürfen natürlich ebenfalls entstehen. Sie sind für den Prozess des moralischen Urteilens jedoch nicht von Bedeutung. Für diesen kommt es allein auf die Affekte der Billigung bzw. Missbilligung an, die ausdrücklich als ruhige Affekte charakterisiert werden. Um ruhige Affekte zu erzeugen, bedarf es nach Hume aber nicht der direkten Wahrnehmung eines konkreten Nutzens, sondern der distanzierten Vorstellung einer allgemeinen Nützlichkeit.[66]

Doch was ist mit Motiven, die zu Handlungen führen, die für gewöhnlich einigen Menschen nutzen, anderen hingegen schaden? Nach wessen Nutzen haben wir uns in unseren moralischen Urteilen zu richten? Hier bieten sich im Wesentlichen zwei Möglichkeiten an:

Wir können erstens danach fragen, welche Folgen sich aus den Charaktereigenschaften der zu beurteilenden Person für uns selbst und für diejenigen, die uns nahestehen, ergeben. In diesem Fall würden unsere Vorstellungen ein subjektives Urteil darüber vorbereiten, wie angenehm oder nützlich *uns* der zu beurteilende Charakter ist. Das Ergebnis dieser Überlegungen wären dann nicht Billigung oder Missbilligung, sondern Liebe oder Hass. Die Motivation zu dieser Art des Urteilens gewinnen wir aus unserer Sorge um uns selbst und um die Menschen, die wir mögen. So zu denken, ist legitim und kann überaus zweckmäßig sein. Der zentrale Punkt ist jedoch, dass hier kein *moralisches,* sondern ein rein subjektives Urteil vorliegt.

Wir können jedoch zweitens auch nach den *allgemeinen* Folgen der infrage stehenden Charaktereigenschaften fragen. Wir assoziieren dann diejenigen Folgen, die sich für den Handelnden selbst und für diejenigen ergeben, die mit ihm üblicherweise Umgang haben. Der Vorteil dieser zweiten Alternative liegt darin, dass sie intersubjektivierbare Ergebnisse liefert. Der Nutzen, den eine Charaktereigenschaft für den Handelnden und sein Umfeld hat, ist für alle Beobachter seiner Handlung derselbe.

Man kann diese Perspektive als die Perspektive der Unparteilichkeit bezeichnen.[67] Unparteilichkeit besteht nach Hume gerade nicht im Einnehmen einer abstrakten und gänzlich affektfreien Perspektive. Unparteiisch urteilen wir vielmehr dann, wenn unsere Distanz zum beurteilten Geschehen einerseits groß genug ist, um keine bloß subjektiven, heftigen Gefühle entstehen zu lassen, wenn wir das Geschehen jedoch andererseits noch immer nah genug an uns heranlassen, um uns in alle Betroffenen gleichermaßen einfühlen zu können.[68]

Aus der unparteiischen Perspektive heraus erkennen wir Hume zufolge selbst solche Charaktereigenschaften als nützlich für einen Akteur und sein Umfeld an, deren Nutzen sich nur vor dem Hintergrund der uns fremden Kultur des Akteurs entfaltet, die in unserer eigenen Kultur jedoch nutzlos oder gar schädlich wären.[69]

Die Motivation, bei der Beurteilung eines Charakters die Perspektive der Unparteilichkeit einzunehmen, gewinnen wir nach Hume aus unseren ruhigen Affekten. (Vgl. T 3.3.1.16–18; SBN 582–584) Würden wir alles nur aus einer subjektiven Beurteilungsperspektive heraus bewerten, würden sich in der intersubjektiven Kommunikation immer wieder gravierende Widersprüche und Unsicherheiten ergeben. Jeder würde nur seine Freunde und Wohltäter als gut, Feinde und Fremde hingegen als schlecht bezeichnen. Auf dieser Grundlage wäre es nicht möglich, sich über die tatsächlichen charakterlichen Qualitäten einer Person zu verständigen.

Diese Schwierigkeiten können vermieden werden, indem wir uns einen *festen und allgemeinen Standpunkt* (steady and general point of view) für unsere Urteile suchen. Die Perspektive der Unparteilichkeit liefert damit die Grundlage für jede intersubjektive Verständigung. Es ist unser allgemeines Interesse an dieser intersubjektiven Verständigung, das uns in Form von ruhigen Affekten dazu motiviert, uns um intersubjektiv anschlussfähige Urteile zu bemühen, die dem jeweiligen Gegenstand tatsächlich angemessen sind. Nur intersubjektivierbare Urteile können auf die Zustimmung aller anderen kompetenten Urteilenden hoffen.

Mit der Erkenntnis der Tendenz eines Motivs, für seinen Träger oder dessen Umfeld angenehm oder nützlich zu sein, ist die Arbeit der Vernunft im Prozess des moralischen Urteilens vorläufig beendet. Nachdem die Vernunft den Rohstoff für unser moralisches Urteil geliefert hat, übernimmt für sie das Prinzip der Sympathie. Dieses besteht in der Umwandlung einer Vorstellung in einen Eindruck. Aus der lebhaften Vorstellung der positiven oder negativen Folgen, die sich aus bestimmten Charaktereigenschaften normalerweise für ihren Träger und andere fühlende Wesen in seinem Umfeld ergeben, werden so bestimmte positive oder negative Eindrücke. Diese Eindrücke sind jedoch noch nicht das Gefühl der Billi-

gung bzw. Missbilligung, sondern lediglich ihre affektive Voraussetzung.
Hier wird wichtig, was Hume an anderer Stelle über indirekte Affekte sagt: Indirekte Affekte entstehen aus einem doppelten Impuls, nämlich einmal aus einer Assoziation der Eindrücke und einmal aus einer Assoziation der Vorstellungen. Die Sympathie erzeugt einen angenehmen oder unangenehmen Eindruck. Dieser Eindruck ist die affektive Ursache des moralischen Gefühls. Gleichzeitig wird das Denken durch eine Assoziation der Vorstellungen auf einen bestimmten Gegenstand gelenkt, nämlich auf den Charakter des Handelnden. Diese beiden Impulse zusammen bewirken die Entstehung des moralischen Gefühls.
Beruht die Handlung auf einem Motiv, das allgemein nützliche Tendenzen hat, so bewirkt die Sympathie mit diesem Nutzen ein angenehmes Gefühl. Das Ergebnis ist der indirekte Affekt der moralischen Billigung. Umgekehrt bewirkt die Sympathie mit dem Schaden, den bestimmte Motive üblicherweise nach sich ziehen, die Entstehung eines unangenehmen Gefühls, das die Grundlage für den Affekt der Missbilligung liefert. Charaktereigenschaften, die auf diese Weise moralische Billigung erzeugen, bezeichnen wir als Tugenden; diejenigen, die Missbilligung erzeugen, nennen wir Laster. (Vgl. T 3.3.1.3; SBN 574f.; EPM 9.1; SBN 268; EPM 9.8; SBN 274)
Auf welche Weise beeinflussen diese moralischen Unterscheidungen nun unser Handeln? Eine naheliegende Lösung wäre, dass das moralische Gefühl uns direkt zum moralischen Handeln motiviert. Diese Eigenschaft schreibt Hume den Affekten der Billigung und Missbilligung jedoch nicht zu. Für Hume ist das moralische Gefühl kein handlungsleitender Affekt, sondern ein Instrument zur Bewertung von Handlungen und Charaktereigenschaften.
Das moralische Gefühl ist jedoch stets mit den Affekten Stolz, Scham, Liebe oder Hass verbunden. (Vgl. T 3.1.2.5; SBN 473) Von Stolz und Scham sagt Hume allerdings ausdrücklich, dass auch sie keine handlungsleitenden Affekte sind. (Vgl.

T 2.2.6.3; SBN 367) Lediglich Liebe und Hass werden von den handlungsleitenden Affekten Wohlwollen bzw. Zorn begleitet. Das moralische Gefühl scheint damit nur zu Handlungen gegenüber denjenigen motivieren zu können, für die wir aufgrund ihres tugendhaften oder lasterhaften Charakters Liebe bzw. Hass empfinden. Es motiviert also dazu, moralisch relevantes Handeln positiv bzw. negativ zu sanktionieren.[70]

Wer unter einem moralischen Gefühl in erster Linie ein Motiv zum moralischen Handeln verstehen will, kann versucht sein, statt Billigung und Missbilligung doch lieber Wohlwollen als das eigentliche moralische Gefühl zu bezeichnen. Dagegen spricht aber, dass Handlungen aus Wohlwollen nach Hume nicht immer gut und Handlungen aus Zorn nicht immer schlecht sind. (Vgl. T 3.3.3.7; SBN 605) Eine Person, die grausamen Menschen mit Wohlwollen statt mit Zorn begegnet oder die Fremden und Feinden dasselbe Maß an Wohlwollen entgegenbringt wie den eigenen Kindern, würde von einem aus der unparteiischen Perspektive Urteilenden aufgrund der Unangemessenheit ihrer Gefühle getadelt werden.

Diese Überlegungen zeigen, dass moralische Motivation bei Hume anders zu verstehen ist als bei vielen anderen Autoren. Moralische Handlungen lassen sich nach Hume nicht auf einen einheitlichen Zweck wie das größte Glück der größten Zahl oder auf ein bestimmtes moralisches Motiv wie Wohlwollen, Mitleid, die kantische Achtung vor dem moralischen Gesetz oder die Angst vor moralischen Sanktionen zurückführen. Ihre Gemeinsamkeit besteht allein darin, dass sie auf Motiven beruhen, deren lebhafte Perzeption von einem festen und allgemeinen Standpunkt der Betrachtung aus das moralische Gefühl der Billigung erzeugt.

Natürliche und künstliche Tugenden

Das Prinzip der Sympathie sorgt dafür, dass wir auf Charaktereigenschaften, die ihrem Träger oder den Menschen in seinem Umfeld angenehm oder nützlich sind, mit dem moralischen Gefühl der Billigung reagieren. Ist eine Charaktereigenschaft in diesem Sinne angenehm oder nützlich, bezeichnen wir sie als Tugend, ist sie unangenehm oder schädlich, bezeichnen wir sie als Laster.[71]

Tugenden, die anderen angenehm oder nützlich sind, fasst Hume unter dem Begriff der sozialen Tugenden zusammen. (Vgl. EPM 1.11; SBN 175) Da sie das für alle Menschen nützliche Zusammenleben in der Gesellschaft ermöglichen, stellen sie für Hume die wichtigsten aller Tugenden dar. Wir verstehen jedoch auch solche Charaktereigenschaften als Tugenden, die wie Weisheit oder Gelassenheit in erster Linie ihrem Träger selbst zugutekommen. Für einen Menschen mit gesunden moralischen Gefühlen steht moralisches Handeln nach Hume nicht im Gegensatz zur Selbstliebe.[72]

Im *Traktat* unterscheidet Hume zusätzlich zwischen *natürlichen* und *künstlichen*[73] Tugenden (natural and artificial virtues). (Vgl. T 3.1.2.7–11; SBN 473–476) Unter »natürlichen Tugenden« versteht Hume dabei diejenigen, die unabhängig vom Bestehen einer Gesellschaft und in jedem Einzelfall nützliche Folgen nach sich ziehen. (Vgl. 3.3.1.12; SBN 579 f.) Ein wohlwollender Mensch wird in der Regel jedes Mal, wenn er sich wohlwollend verhält, irgendjemandem nutzen.

Wohlwollen stellt für Hume das wichtigste Beispiel für eine natürliche Tugend dar. Anders als Thomas Hobbes (1588–1679) oder Bernard Mandeville (1670–1733)[74] hält Hume die Menschen nicht für reine Egoisten, sondern glaubt, dass wir aufgrund genuin altruistischer Neigungen ein direktes Interesse am Wohlergehen anderer nehmen. (Vgl. EPM App. 2.1–13;

SBN 295–302) Dieses Interesse lässt sich weder direkt noch indirekt als ein bloßer Ausdruck von Selbstliebe interpretieren. Hume vertritt jedoch die Auffassung, dass das menschliche Wohlwollen natürliche Abstufungen kennt. So etwas wie eine allgemeine Menschenliebe, die es uns ermöglichen würde, jedem Menschen auf der Welt unabhängig von seiner Beziehung zu uns mit demselben Grad an Wohlwollen zu begegnen, gibt es auch nach Hume nicht. (Vgl. T 3.2.1.12; SBN 481)

Während Sie dieses Buch lesen, verhungert irgendwo auf der Welt ein Mensch, den Sie mit einer vergleichsweise geringen Geldspende hätten retten können. Über diese Tatsache sind Sie sich im Klaren. Dennoch wird man Sie von einem unparteiischen Standpunkt der Betrachtung aus deshalb nicht für einen lasterhaften Menschen halten. Dies ändert sich jedoch, wenn Sie denselben Menschen in Ihrem Keller verhungern lassen oder wenn es sich bei ihm um einen Ihrer Freunde handelt. Wie kommt das?

Hume zufolge weiß ein vom unparteiischen Standpunkt aus Urteilender, der mit der menschlichen Natur hinreichend vertraut ist, dass unsere Fähigkeit zur Sympathie begrenzt ist. Unsere natürliche Ausstattung erlaubt es uns zwar prinzipiell, mit jedem fühlenden Wesen zu sympathisieren, nicht jedoch mit allen gleichzeitig. Tatsächlich fühlen wir uns nur in diejenigen ein, die in einer besonderen Beziehung zu uns stehen, durch die unsere Sympathie mit ihnen erleichtert wird. Dazu gehören familiäre und freundschaftliche Beziehungen, aber auch die drei Assoziationsprinzipien Nähe, Ähnlichkeit und Kausalität. (Vgl. T 3.3.1.14; SBN 580f.; T 2.2.4.6; SBN 354)

Vom unparteiischen Standpunkt aus beurteilen wir einander deshalb danach, wie wir mit denjenigen Menschen umgehen, die in einer besonderen Beziehung der gerade beschriebenen Art zu uns stehen. (Vgl. T 3.3.3.2; SBN 602) Wir erwarten voneinander, dass wir uns um unsere Kinder, Eltern, Freunde und Nachbarn kümmern, dass wir einem in unserer unmittelbaren Nähe Ertrinkenden helfen und keine Schäden am Eigentum Fremder verursachen. Wir machen uns gegenseitig jedoch nicht für das Leiden Fremder am anderen Ende der Welt verantwortlich, sofern wir dieses Leiden nicht kausal verursacht haben. Wer mit diesen Leidenden dennoch sympathisiert und ihr Leid zu lindern versucht, beweist einen tugendhaften Charakter und verdient moralisches Lob. Moralisch verpflichtet ist er zu einem derartigen Engagement jedoch nicht. Die natürlichen Grenzen unserer Fähigkeit zur Sympathie markieren für Hume also gleichzeitig die Grenze zwischen moralischer Pflicht und moralischem Verdienst.

Diese Überlegungen zeigen, dass die Perspektive der Unparteilichkeit Hume zufolge nur eingenommen werden muss, um moralische Urteile zu fällen, nicht hingegen, um moralisch zu handeln. Nach Hume haben wir sogar die moralische Pflicht, nahestehenden Personen mit größerem Wohlwollen zu begegnen als Fremden.

Wer vor der Entscheidung steht, entweder zwei zukünftige Nobelpreisträger oder sein eigenes Kind vor dem Ertrinken zu retten, ist nach Hume ceteris paribus dazu verpflichtet, sein Kind zu retten. Ein moralisches System, das die gegenteilige Forderung aufstellt, würde zur Entfremdung der Menschen von ihren eigenen Gefühlen führen. Derartige Fälle lassen sich jedoch nicht nach Belieben verallgemeinern, sondern hängen in starkem Maße von den genauen Handlungsumständen ab. Ein Lehrer, der seinem eigenen Kind trotz gleicher Leistung bessere Noten gibt als einem anderen, handelt ungerecht und ist daher moralisch zu tadeln. Der Maßstab, an dem Fälle dieser Art gemessen werden, lässt sich nicht objektiv festlegen. Er liegt im moralischen Gefühl derjenigen, die vom unparteiischen Standpunkt aus urteilen.

Mit der Gerechtigkeit oder dem Rechtssinn (justice) haben wir im gerade genannten Beispiel bereits die wichtigste künstliche Tugend angesprochen. Anders als im Fall der natürlichen Tugenden ergibt sich der Nutzen der künstlichen Tugenden in der Regel erst daraus, dass alle Mitglieder einer Gemeinschaft sich an bestimmte, von Menschen eingerichtete und in diesem Sinne künstliche Konventionen (conventions) halten.[75] An einer leeren Kreuzung vor einer roten Ampel zu halten, kann Sie im Einzelfall einfach nur Zeit kosten, ohne dass dies für jemand anderen nützlich wäre. Wenn alle Mitglieder einer Gesellschaft die Verkehrsregeln unabhängig von ihrem subjektiven Nutzen jederzeit konsequent befolgen, ergibt sich daraus jedoch ein Nutzen für alle. Dieser Nutzen entsteht allerdings nur, wenn die Konvention gesellschaftlich akzeptiert ist. Auf der richtigen Straßenseite zu fahren, nutzt Ihnen und anderen nur so lange, wie alle oder zumindest die meisten anderen das auch tun. Wenn aufgrund einer Massenpanik faktisch niemand mehr auf die Verkehrsregeln achtet, machen Sie nach Hume nichts falsch, wenn Sie diese Regeln ebenfalls außer Acht lassen, da es niemandem nutzen würde, wenn Sie sie beachten würden.

Künstliche Tugenden bestehen für Hume also darin, sich an die Konventionen und Gesetze einer Gesellschaft zu halten. Wie entstehen diese Konventionen? Nach Hume entstehen sie aus der Einsicht der Menschen in die Vorteile gegenseitiger Kooperation. (Vgl. T 3.2.2.10; SBN 490) Er wählt das Bild zweier Ruderer, die im selben Boot sitzen und von selbst zu einem einheitlichen Schlagrhythmus finden. Sie brauchen keinen Schlagmann, der ihnen den Takt vorgibt und das Abweichen von diesem Takt sanktioniert. Es ist nicht einmal eine ausdrückliche mündliche Absprache erforderlich. Das gemeinsame Interesse am Vorankommen ist den Ruderern Motivation genug, einen gleichmäßigen Takt zu finden und einzuhalten.

Die *natürliche Verbindlichkeit des Eigeninteresses* (natural obligation of interest) treibt die Menschen also dazu, intersubjektive Verhaltensstandards zu entwickeln, und sie bewirkt in einem zweiten Schritt, dass diese Verhaltensstandards auch eingehalten werden. (Vgl. T 3.2.2.23 f.; SBN 498–500) Da wir mittels Sympathie Anteil an dem gesellschaftlichen Nutzen nehmen, der sich aus der Einhaltung dieser Verhaltensstandards ergibt, reagieren wir auf die Verletzung dieser einmal etablierten Verhaltensstandards mit dem moralischen Gefühl der Missbilligung. Auf diesem beruht die *moralische Verbindlichkeit* (moral obligation) gesellschaftlicher Konventionen. Ein Mensch, der die Konventionen seiner Gesellschaft verletzt, erscheint uns als unmoralisch.

Besonders anschaulich wird Humes Konzept künstlicher Tugenden in seinen Ausführungen zu Keuschheit und Schamhaftigkeit (chastity and modesty). (Vgl. T 3.2.12.1–9; SBN 570–573) Die Einordnung dieser Charaktereigenschaften unter die künstlichen Tugenden überrascht zunächst, da wir Sexualität als etwas sehr Natürliches ansehen. Gerade deshalb betont Hume jedoch, dass die gesellschaftlichen Einschränkungen der Sexualität etwas Künstliches sind. Es kann nur deshalb eine Sexualmoral geben, weil es gesellschaftlich schädlich wäre, der Sexualität freien Lauf zu lassen. Einige unserer Konventionen setzen voraus, dass wir sexuell nicht zu umtriebig sind.

Die wichtigste dieser Konventionen ist die gesellschaftliche Praxis, dass Mann und Frau gemeinsam ihre Kinder großziehen. Zu diesem Verhalten werden Eltern durch die Liebe zu ihren Kindern motiviert. Diese spezielle Form von Liebe richtet sich nach Hume jedoch nur auf die eigenen Kinder. Damit die nützliche Praxis der elterlichen Fürsorge bestehen bleibt, müssen sich die Eltern daher sicher sein können, dass die Kinder, die sie versorgen, auch wirklich ihre eigenen Kinder sind.

Aus biologischen Gründen lässt sich diese Gewissheit bei Frauen leichter herstellen als bei Männern. Die Konvention der monogamen Beziehung dient nach Hume dem gesellschaftlichen Zweck, auch den Männern die Gewissheit zu geben, nicht die Kinder von Fremden großzuziehen. Da die Frau in unserer Einbildungskraft zudem stärker mit den biologischen Prozessen von Zeugung und Geburt in Verbindung gebracht wird als der Mann, gelten die Regeln der Treue und Monogamie nach Hume für Frauen stärker als für Männer.[76]

Aufgrund der gesellschaftlichen Verhältnisse, in denen wir leben, empfinden wir nach Hume untreuen Frauen gegenüber eine stärkere Missbilligung als gegenüber untreuen Männern.

Die strengeren Regeln der Sexualmoral gelten Hume zufolge dabei nicht nur für diejenigen Frauen, die verheiratet und im gebärfähigen Alter sind, sondern für alle Frauen. Der Unterschied zwischen Männern und Frauen ist, so Hume, deutlich genug, um sich auf unsere moralischen Gefühle auszuwirken. Der Unterschied zwischen verheirateten und unverheirateten oder zwischen fruchtbaren und unfruchtbaren Frauen ist es hingegen nicht.

Warum vertritt Hume nicht die Ansicht, dass wir unsere moralische Bewertungspraxis gegenüber älteren oder unfruchtbaren Frauen ändern sollten, indem wir sie der tatsächlichen Nützlichkeit oder Schädlichkeit des zu bewertenden Verhaltens anpassen? Weil die eigentliche Quelle der praktischen Normativität für Hume nicht in der Nützlichkeit, sondern in den Gefühlen liegt, die wir von einem unparteiischen Standpunkt der Betrachtung aus empfinden. Das moralische Gefühl ist für Hume nicht das Mittel zur Erkenntnis einer bereits aus anderen Gründen gegebenen moralischen Verbindlichkeit; es konstituiert diese Verbindlichkeit, bringt sie also selbst erst hervor. Dabei reagiert es nach Hume nicht auf die Nützlichkeit des Einzelfalls, sondern auf die Nützlichkeit *allgemeiner Regeln* (general rules). Eine Regel, die zwar nützlicher wäre als eine andere, allgemeinere Regel, sich jedoch nur auf unser Denken, nicht aber auf unsere moralischen Gefühle auswirkt, ist für Hume daher zu Recht ohne Belang für unsere Beurteilung moralischer Pflichten.

Vor diesem Hintergrund sind auch Humes Ausführungen zum *cleveren Schurken* (sensible knave) zu verstehen. (Vgl. EPM 9.22–25; SBN 282–284) Als solchen bezeichnet Hume einen Menschen, der zwar die natürliche Verbindlichkeit akzeptiert, zum Erhalt gesellschaftlicher Konventionen beizutragen, der jedoch überall dort gegen Konventionen verstößt, wo er sich persönliche Vorteile davon verspricht, ohne das allgemeine Weiterbestehen der von ihm gebrochenen Konventionen zu gefährden. Der clevere Schurke hält also normalerweise vor roten Ampeln an, erlaubt sich jedoch Ausnahmen, wenn nicht zu erwarten steht, dass sein negatives Beispiel sanktioniert wird oder zur mittelfristigen Auflösung der auch für ihn nützlichen Konvention führt. Statt wirklich tugendhaft zu sein, reicht es ihm aus, nur den Anschein von Tugendhaftigkeit zu erwecken.

Der clevere Schurke ist sich des Nutzens gesellschaftlicher Konventionen und allgemeiner Regeln bewusst. Er schenkt diesem Nutzen jedoch ausschließlich kognitiv, nicht aber emotional Beachtung. Der ruhige Affekt, der uns normalerweise dazu motiviert, durch unser eigenes Handeln einen aktiven Beitrag zum Weiterbestehen der Rechtsordnung zu leisten, ist in ihm entweder nicht existent oder zu schwach, um handlungsleitend zu werden. Daher erlaubt er sich immer dann Verstöße gegen bestehende Konventionen, wenn ihm die Ausnahme von einer allgemeinen Regel nützlicher als deren Befolgung erscheint. Wäre die Nützlichkeit der oberste Maßstab der Moralität, würde er damit nichts falsch machen. Da der eigentliche Maßstab der Moralität jedoch im moralischen Gefühl liegt, empfinden wir den cleveren Schurken trotz all seiner Cleverness als einen Schurken.

Nach Hume können wir solche Menschen nicht davon überzeugen, dass es für sie besser wäre, anders zu handeln, da ihre Gefühle so verkommen sind, dass sie keine Motivation zum wahrhaft tugendhaften Handeln entwickeln. Dennoch sind wir natürlich berechtigt, sie für ihr Verhalten zu tadeln. Eine Gesellschaft kann und sollte, so Hume, durch angemessene Erziehung und die Kultivierung der moralischen Gefühle ihrer Mitglieder verhindern, dass sich zu viele Menschen zu cleveren Schurken entwickeln.

Recht und Gesellschaft

Hume misst der zwischenmenschlichen Kooperation große Bedeutung bei. (Vgl. T 3.2.2.2f.; SBN 484f.) Seiner Meinung nach können Menschen sich nur dann auf Dauer wohlfühlen und ihre Bedürfnisse befriedigen, wenn sie in einer funktionierenden Gesellschaft leben. Er nennt drei Bereiche, in denen die Etablierung von Konventionen für das gesellschaftliche Zusammenleben so wichtig ist, dass er von den drei *Grundgesetzen des Naturrechts* (fundamental laws of nature)[77] spricht: die Sicherheit des Besitzes, die Übertragung von Eigentum und die Einhaltung von Versprechen. (Vgl. T 3.2.6.1; SBN 526)

Unter Eigentum (property) versteht Hume den durch gesetzliche Regelungen gesicherten Besitz (possession). Doch wie entstehen die Gesetze, durch die Eigentumsverhältnisse geregelt werden? Dass es sie geben muss, ist klar, da dies zum Nutzen aller beiträgt. Aber wie einigt man sich auf ihren genauen Inhalt? (Vgl. T 3.2.3.1-11; SBN 501-513)

Die Idee, dass eine Sache stets demjenigen gehören sollte, dem sie am meisten nutzt, weist Hume als in der Praxis nicht umsetzbar zurück. Sie würde nur zu Streit führen, da jeder für sich beanspruchen würde, den größten Nutzen aus dem jeweiligen Gegenstand zu ziehen.

Für Hume liegt die Lösung in den intersubjektiv einheitlich arbeitenden Prinzipien der Einbildungskraft. Zu diesen gehört, dass es den Menschen leichtfällt, sich die Beziehung des Eigentums zwischen einer Person und einem Gegenstand hinzuzudenken, wenn zwischen beiden bereits irgendeine andere Beziehung besteht, durch die die Person und der Gegenstand mental miteinander verbunden sind. So kommt es, dass auf den ersten Blick banal wirkende Prinzipien des Eigentumserwerbs wie »Ich hab's zuerst gesehen!« allen Menschen als plausibel erscheinen. Für sich betrachtet schaffen sie zwar keinen Rechtsanspruch auf eine bestimmte Sache. Wenn man aber ohnehin auf der Suche nach einer praktikablen Konvention ist, durch die man Eigentumsverhältnisse regeln will, und es nur noch darum geht, wie diese Konvention inhaltlich gefüllt werden soll, dann ist es nach Hume sehr wahrscheinlich, dass man sich auf derartige grundlegende Regeln einigen wird, die natürlicherweise jedermann einleuchten. Diese Regeln bilden eine verlässliche Basis für das gesellschaftliche Zusammenleben, können später jedoch durch positive Gesetze modifiziert und verfeinert werden.

Hume nennt vier Arten, wie jemand zu Eigentum kommen kann, das vorher noch niemand anderem gehört hat: erstens die Besitzergreifung (occupation). Eine kleine Insel, die niemandem gehört, gehört demjenigen, der zuerst auf ihr landet und sie für sich beansprucht. Um eine große Insel in Besitz zu nehmen, ist hingegen schon eine ganze Gruppe von Menschen erforderlich. Eine zweite Form ist die Verjährung oder Ersitzung (prescription). Wenn ein Mensch etwas schon sehr lange in seinem Besitz hat und regelmäßig benutzt, betrachten wir es als sein Eigentum. Die dritte Art bezeichnet Hume als Zuwachs (accession). Gehört uns eine Kuh und bekommt diese Kuh ein Kälbchen, so gehört uns das Kälbchen ebenfalls. Die vierte Art schließlich ist die Erbfolge (succession). Wenn jemand stirbt, sehen wir seine nächsten Verwandten als die neuen Eigentümer seines Besitzes an.

Neben Regeln, die festlegen, wann jemandem etwas rechtmäßig gehört, benötigen wir nach Hume auch Regeln zum Austausch von Eigentum. (Vgl. T 3.2.4.1 f.; SBN 514–516) Eine naheliegende Regel dieser Art ist die Eigentumsübertragung durch Zustimmung (translation of property by consent). Das Problem dabei ist, dass der Willensakt der Zustimmung für andere nicht direkt erkennbar ist. Rechtliche Regelungen benötigen jedoch etwas Sichtbares, an dem sich die Einbildungskraft festhalten kann. Darum wird die rechtsverbindliche Zustimmung an besondere Symbole geknüpft. Der Handschlag bei einem Geschäftsabschluss oder die Unterschrift unter einen Vertrag haben aus sich selbst heraus eigentlich keine rechtsverbindliche Wirkung. Wir weisen ihnen diese Wirkung als Teil unserer Konventionen jedoch zu, um feststellen zu können, dass die Tauschpartner einer Eigentumsübertragung wirklich wechselseitig zugestimmt haben.

Wenn die zu tauschenden Güter nicht sofort übergeben werden können oder wenn es um den Austausch von Dienstleistungen geht, benötigen wir zusätzlich die Institution des Versprechens (promise). (Vgl. T 3.2.5.1–15; SBN 516–525) So kann zum Beispiel ein Landwirt einem anderen versprechen, ihm morgen bei der Ernte zu helfen, wenn der andere ihm heute bei seiner hilft.

In der Tradition des Naturrechts werden Versprechen als etwas Natürliches und Ursprüngliches angesehen. Nach Hume nehmen die Naturrechtler an, dass ein Versprechen den Willen eines Menschen ausdrückt, sich selbst zu etwas zu verpflichten. Durch das bloße Geben eines Versprechens würde somit eine neue Verpflichtung entstehen, die vorher noch nicht da war. Hume hält diese Annahme für widersinnig. Verpflichtungen sind für ihn stets an bestimmte Gefühle gebunden, entweder an die Selbstliebe bzw. die Sympathie mit dieser (natürliche Verpflichtung) oder an moralische Gefühle (moralische Verpflichtung). Der Wille kann jedoch selbst keine Gefühle hervorbringen und damit keine Verpflichtungen schaffen. Man kann nur verpflichtet *sein*; sich jedoch nicht verpflichten *wollen*.

Nach Hume drücken Versprechen nicht den Willen aus, etwas tun zu müssen, sondern lediglich die Absicht bzw. den Entschluss, etwas tun zu wollen. Unsere Entschlüsse können wir jedoch jederzeit ändern. Daher haftet einem Versprechen von Natur aus keine Verpflichtung an. Die Tugend, seine Versprechen zu halten, muss insofern als eine künstliche Tugend verstanden werden. Die Institution des Versprechens wurde von Menschen eingerichtet, weil sie die Möglichkeiten zur Kooperation erweitert und somit von großem Nutzen ist.

Es liegt Hume zufolge im Interesse aller Mitglieder der Gesellschaft, die drei genannten Grundgesetze des Naturrechts zu beachten. Warum brauchen wir dann überhaupt eine Regierung und worauf beruht ihre Legitimation?
Kontraktualisten wie Thomas Hobbes greifen zur Beantwortung dieser Fragen auf das Modell eines fiktiven, vorgesellschaftlichen Zustands (Naturzustand) zurück.[78] Im hobbesschen Naturzustand herrscht aufgrund der relativen Gleichheit[79] der menschlichen Fähigkeiten und Bedürfnisse und der Knappheit der erstrebten Güter ein Krieg aller gegen alle. Es gibt noch kein Unrecht; vielmehr hat jeder ein Recht auf alles, auch auf die Vernichtung des Lebens der anderen. Da jeder fürchten muss, im nächsten Moment eines gewaltsamen Todes zu sterben, bringt der Selbsterhaltungstrieb die Menschen dazu, diesen Zustand ständiger Kampfbereitschaft verlassen zu wollen, so Hobbes. Das gelingt ihnen, indem alle Individuen ihr Recht auf alles durch Abschluss eines Gesellschaftsvertrags aufgeben[80] und auf einen Souverän (eine Regierung) übertragen. Dieser hat fortan das Gewaltmonopol inne, erlässt Gesetze und kontrolliert deren Einhaltung. Verstößt jemand gegen die Gesetze, so ist der Souverän (und nur er) dazu legitimiert, den Gesetzesbrecher zu bestrafen.[81] Da nach Hobbes jede Form von bürgerlicher Gesellschaft besser ist als der Naturzustand, liegt es im Eigeninteresse jedes Individuums, die bürgerliche Gesellschaft zu erhalten.
Hume greift diese Gedanken von Hobbes zwar teilweise auf, stimmt ihnen in wesentlichen Punkten aber nicht zu. Versprechen oder Verträge können nach Hume in einem vorgesellschaftlichen Zustand zu nichts verpflichten. In einem Naturzustand, wie Hobbes ihn sich vorstellt, wäre nach Hume also niemand an sein Versprechen gebunden, dauerhaft auf sein Recht auf alles zu verzichten. Ein Gesellschaftsvertrag ist erst auf Basis der drei Grundgesetze des Naturrechts möglich. Für Hume gibt es also bereits vor und unabhängig von der Bildung einer bürgerlichen Gesellschaft natürliche und moralische Verbindlichkeiten (und natürliche und künstliche

Tugenden). Zudem weist Hume darauf hin, dass bürgerliche Gesellschaften zwar manchmal, jedoch keinesfalls immer durch einen Vertrag begründet werden. Die Pflicht zur Untertanentreue und die Pflicht zur Einhaltung von Verträgen und Versprechen sind für Hume verschiedene, eigenständige Pflichten. Wir halten uns nicht deshalb an die Gesetze der bürgerlichen Gesellschaft, weil wir es irgendwann einmal versprochen haben, sondern weil uns ihr Bestehen langfristig Vorteile bringt - ganz unabhängig davon, ob wir der Bildung dieser bürgerlichen Gesellschaft einmal zugestimmt haben oder nicht. (Vgl. T 3.2.8.3-5; SBN 541-544)

Nach Hume brauchen wir die Regierung, weil der Eigennutz zwar die Wurzel der künstlichen Tugenden ist, die Menschen aber nicht immer das tun, was für sie das Beste wäre. Sie ziehen oft ein kleines, naheliegendes Gut einem sehr viel wichtigeren, aber entfernten Gut vor und handeln damit aus sich selbst heraus gegen ihr langfristiges Eigeninteresse. (Vgl. T 3.2.7.1-8; SBN 534-539)

Aus diesen Überlegungen ergibt sich, dass für die Mitglieder einer Gesellschaft eine natürliche Verbindlichkeit besteht, die allgemeine Einhaltung grundlegender gesellschaftlicher Konventionen durch die Entwicklung zusätzlicher Schutzmechanismen sicherzustellen. Diese Schutzmechanismen entstehen durch den Übergang von der »natürlichen« zur bürgerlichen Gesellschaft, mithin durch die Einrichtung einer zu Gesetzgebung und Sanktionen berechtigten Regierung.

Die Prinzipien, nach denen Herrschaft erlangt und weitergegeben werden kann, ähneln in weiten Teilen denjenigen, durch die nach Hume Eigentum erlangt und weitergegeben wird. (Vgl. T 3.2.10.1-19; SBN 553-567) Der einmal zugestandene Anspruch auf Herrschaft kann jedoch auch wieder verwirkt werden. Herrschaft ist für Hume (wie für Hobbes) nichts Natürliches oder Gottgegebenes, sondern etwas Künstliches. Sie beruht auf einer Konvention, von der wir uns einen bestimmten Nutzen versprechen. Ist die Regierung so schlecht, dass sie keinen Nutzen für die Gesellschaft hat, ist es Hume zufolge erlaubt, ihr Widerstand zu leisten. (Vgl. T 3.2.9.1–4; SBN 549–553)

Erfüllt die Regierung jedoch ihren Zweck, entstehen durch die von ihr erlassenen Gesetze, die unter Androhung von Strafe befolgt werden müssen, die bürgerlichen Pflichten (civil duties). Da sich diese als eine Verfeinerung der natürlichen Pflichten verstehen lassen, liegt auch ihre Wurzel letztlich im Eigeninteresse des Einzelnen.

Schließlich gibt es, so Hume, auch auf der Ebene internationaler Beziehungen gute Gründe, sich um Kooperation zu bemühen. (Vgl. T 3.2.11.1–5; SBN 567–569) Der Nutzen internationaler Konventionen ist nach Hume jedoch grundsätzlich geringer als derjenige, der aus der Einhaltung innergesellschaftlicher Konventionen erwächst. Wo dies tatsächlich der Fall ist, ist die natürliche Verbindlichkeit internationaler Konventionen nicht so stark wie die natürliche Verbindlichkeit innergesellschaftlicher Konventionen.

Hume unterscheidet also verschiedene Stufen der natürlichen Verbindlichkeit, die vom jeweils erreichten Grad der Vergesellschaftung abhängen. Das Individuum unterliegt der natürlichen Verbindlichkeit, sein Eigeninteresse sowie die Interessen derjenigen zu befördern, an denen ihm etwas liegt. Um dieses Ziel zu erreichen, ist die Kooperation mit Dritten nötig. Daraus ergibt sich die natürliche Verbindlichkeit, grundlegende Konventionen zu etablieren, zu befolgen und ihren Erhalt durch den Übergang zur bürgerlichen Gesellschaft abzusichern. Auf dieser Ebene der Vergesellschaftung besteht eine natürliche Verbindlichkeit, sich an die bürgerlichen Gesetze zu halten und zum Weiterbestehen der bürgerlichen Gesellschaft beizutragen, solange diese ihren Zweck erfüllt. Zwischen den Regierungen verschiedener Staaten besteht ebenfalls eine natürliche Verbindlichkeit zur Kooperation, da diese für die kooperierenden Staaten Vorteile bringt. Weil der Zweck internationaler Konventionen jedoch stets die Beförderung des Wohls der eigenen Gesellschaft bleibt, sind internationale Konventionen nur so lange einzuhalten, wie ihre wechselseitige Einhaltung aufs Ganze gesehen für die eigene Gesellschaft auch wirklich von Vorteil ist.

Insgesamt zeigt sich, dass die Vergesellschaftung keine grundlegend neuen Motive oder Verpflichtungen schafft, sondern der natürlichen Verbindlichkeit lediglich eine neue Richtung gibt. Durch die Etablierung gesellschaftlicher Konventionen wird der menschliche Eigennutz in sozialverträgliche Bahnen gelenkt und somit in die Lage versetzt, sich selbst zu kontrollieren.

Die Sympathie mit den Interessen, denen durch die Befolgung der verschiedenen Konventionen gedient wird, konstituiert zusätzlich eine moralische Verpflichtung, die Regeln der Kooperation so lange konsequent zu befolgen, wie ihr allgemeiner Nutzen nicht infrage steht.

Die Irrtümer der Religion

Dass Hume in seinen Ausführungen zu den bisher vorgestellten Themen ohne den argumentativen Bezug auf Gott auskommt, ist selbst für die Philosophie der Aufklärung ungewöhnlich. Nicolas Malebranche führt noch jegliches kausale Wirken in der Welt auf ein direktes Eingreifen Gottes zurück (Okkasionalismus). Leibniz erklärt das scheinbar kausale Verhältnis zwischen Leib und Seele als von Gott eingerichtete, prästabilierte Harmonie. Moralische Rationalisten wie Clarke gehen davon aus, dass Gott der Welt objektive Werte vorgegeben hat. Der Empirist und Naturrechtler Locke spricht von einem gottgegebenen natürlichen Gesetz. Der Moral-Sense-Philosoph Hutcheson vermag den von ihm postulierten moralischen Sinn nur als von Gott verliehen zu erklären. Und selbst Kant kommt in seiner Lehre vom höchsten Gut nicht ohne die Idee eines gerechten Gottes aus.

Bei Hume finden sich hingegen nur dort argumentative Bezüge auf Gott, wo er kritisch zu den Theorien anderer Philosophen Stellung bezieht. Seine genuin religionsphilosophischen Überlegungen sind im Wesentlichen rhetorisch mehr oder weniger geschickt getarnte Religionskritik. Diese bezieht sich zum einen auf die Offenbarungsreligionen, zum anderen auf die unter den Intellektuellen seiner Zeit in Mode gekommene natürliche Religion (natural religion). Unter diesem Begriff versteht man ein Konzept von Religion, das sich nicht auf göttliche Offenbarung und heilige Texte, sondern allein auf Vernunftüberlegungen stützt.

In seiner *Naturgeschichte der Religion* stellt Hume zunächst klar, dass sich die Wurzel der Religiosität nicht in der Vernunft finden lässt. Ihre Entstehung lässt sich vielmehr aus dem Zusammenwirken verschiedener Prinzipien der menschlichen Natur erklären. Als Historiker weist Hume darauf hin,

dass die Ursprünge der Religion im Polytheismus liegen. (Vgl. NHR 1) Zu diesem gelangen die Menschen nicht etwa über die abstrakte Frage nach der Herkunft der Welt, sondern aus Sorge um die Dinge des alltäglichen Lebens. (Vgl. NHR 2) Die Menschen schreiben für sie unerklärliche Naturereignisse dem Wirken verschiedener unsichtbarer Mächte zu. Aus *Furcht* (fear) und *Hoffnung* (hope) beginnen sie, diese Gottheiten anzubeten, um so Einfluss auf Ereignisse nehmen zu können, gegenüber denen sie sich sonst vollkommen ohnmächtig fühlen würden. Aufgrund der Neigung der Menschen, sich alle Dinge als ihnen ähnlich vorzustellen, werden den Göttern menschliche Emotionen zugeschrieben, durch die ihre Entscheidungen verständlicher erscheinen. (Vgl. NHR 3) Analog zu sich selbst stellen sich die Menschen ihre Götter als für Schmeicheleien empfänglich vor. Um sich in ihren Schmeicheleien gegenseitig zu überbieten, schreiben die Gläubigen dem Gott, an den sie sich wenden, irgendwann die Eigenschaft der Vollkommenheit zu, um ihn auch gegenüber seinesgleichen besonders auszuzeichnen. So entsteht irgendwann die Vorstellung eines einzigen, unendlichen, allmächtigen und allwissenden Gottes, neben dem es nichts Vergleichbares mehr geben kann (Theismus). (Vgl. NHR 6) Das Bekenntnis der Menschen zu einem allmächtigen Gott ist jedoch rein verbal, da sie sich ein vollkommenes Wesen in Wahrheit gar nicht vorstellen können. (Vgl. NHR 7) So erfinden sie dann doch wieder Vermittlerfiguren wie Engel oder Heilige, die bald zu ihren vorrangigen Ansprechpartnern in ihren Gebeten werden. Alle Religionen schwanken damit letztlich zwischen den beiden Polen des Theismus und des Polytheismus, weil die Neigungen der Menschen zu Schmeichelei und Vermenschlichung einander widerstreiten. (Vgl. NHR 8)
Da die Entartung der besten Dinge immer die schlimmsten Folgen hat, überrascht es nicht, dass sich die Entartungen des Theismus nach Hume schädlicher auf Toleranz, Vernunft und Moral der Menschen auswirken als die Entartungen des Polytheismus. (Vgl. NHR 9–11) Bemerkt werden Absurditäten und

schädliche Einflüsse jedoch meist nur bei fremden Religionen, während die Gläubigen eventuelle Zweifel an den Dogmen ihrer eigenen Religion vor sich selbst und anderen oftmals durch Fanatismus verbergen. (Vgl. NHR 12)
Am schwersten wiegt für Hume der Vorwurf, dass die Vorstellung göttlicher Güte und Gerechtigkeit im Widerspruch zu unseren moralischen Gefühlen steht. Die moralische Unvollkommenheit der Götter in polytheistischen Systemen wird durch den Schritt zum Theismus nicht wirklich überwunden. Da der allmächtige Gott im Theismus an keine Moral gebunden ist, sondern selbst die höchste wertsetzende Instanz darstellt, wird sein in den heiligen Texten überliefertes Handeln auch dann als ein Ausdruck göttlicher Gerechtigkeit bezeichnet, wenn es offenkundig rachsüchtig oder grausam ist. Dies wirkt sich schädlich auf die moralischen Gefühle der Menschen und damit auf das Bestehen der menschlichen Gesellschaft aus. (Vgl. NHR 13)
Religion führt Hume zufolge also gerade nicht zu einer Förderung der Moralität. Wer moralisches Handeln, das nach Hume für uns selbst oder andere angenehm oder nützlich ist, als die eigentliche Pflicht vor Gott interpretiert, zieht den Verdacht des Eigennutzes auf sich. Dass wir mit einem religiösen Ritual tatsächlich Gott einen Dienst erweisen wollen und nicht anderen Menschen oder uns selbst, lässt sich nur behaupten, wenn die religiöse Handlung für sich betrachtet nutzlos oder sogar schädlich ist. (Vgl. NHR 14) Aus diesem Gedanken heraus erklären sich die Traditionen von Brandopfern, Selbstkasteiungen und die von Hume verachteten »mönchischen Tugenden«. (Vgl. EPM 9.3; SBN 270)
Da die Irrtümer der Religion für das gesellschaftliche Zusammenleben so gefährlich sind, betrachtet es Hume als die vorrangige Aufgabe der Philosophie, den Entartungen der wahren Religion (true religion)[82] entgegenzutreten, die er unter den Begriffen »Aberglaube« (superstition) und »Schwärmerei« (enthusiasm) zusammenfasst. (Vgl. Es 73–79; »Of Superstition and Enthusiasm«)

Aberglaube resultiert aus Schwäche, Furcht und Schwermut in Verbindung mit Unwissenheit. Er besteht in der Furcht vor unbekannten Übeln aus unbekannten Quellen, also etwa im Glauben an böse Geister, die durch Opfer oder andere sinnlose Riten besänftigt werden müssen. Da sich der Abergläubige für klein und unwürdig hält, wendet er sich an Menschen, von denen er glaubt, dass sie besser als er selbst wissen, wie mit den unsichtbaren Mächten umzugehen ist. So fördert der Aberglaube die gesellschaftliche Macht der Priester, die langsam, aber stetig zunimmt und letztlich zu einer Gefahr für die bürgerliche Freiheit wird.

Schwärmerei hat ihre Ursache ebenfalls in Unwissenheit; ihr sind jedoch Hoffnung, Stolz, Vermessenheit und eine lebhafte Einbildungskraft beigemischt. Sie besteht in dem Glauben an unsichtbare Mächte, die es gut mit dem Schwärmer meinen, was ihn zu einem Auserwählten und damit zu etwas Besonderem macht. Der Schwärmer vertraut sich diesen unsichtbaren Mächten rückhaltlos an und betrachtet alles Weltliche als profan und niedrig. Da er sich für würdig hält, sich persönlich an die unsichtbaren Mächte zu wenden, benötigt er keine Priester. Aufgrund seines Vertrauens in seine eigenen Überzeugungen wird der Schwärmer leicht zum Fanatiker. Ohne eine mächtige Priesterschaft im Hintergrund lässt diese Heftigkeit der Schwärmer aber meist schnell nach und weicht einer gemäßigten Form der Schwärmerei. Weil der selbstbewusste Schwärmer zudem daran interessiert ist, seine Freiheit gegenüber weltlichen Autoritäten zu verteidigen, ist die Schwärmerei dem Aberglauben nach Hume im Zweifel vorzuziehen.

Bedeutende Elemente von Aberglaube und Schwärmerei sind der für Hume ungerechtfertigte Glaube an die Unsterblichkeit der Seele[83] und der von ihm als unvernünftig kritisierte Glaube an Wunderberichte. (Vgl. EHU 10.1–41; SBN 109–131) Für Hume ist ein Wunder dabei nicht einfach ein außergewöhnliches Ereignis, sondern ein Bruch der Naturgesetze. Es zeichnet sich dadurch aus, dass es durch das direkte Eingreifen

Gottes bewirkt wurde. Würde man alle Rahmenbedingungen, unter denen es sich angeblich ereignet hat, exakt noch einmal herstellen, würde es dennoch ausbleiben, sofern Gott sich nicht erneut zum Eingreifen entschließt.

Hume argumentiert nun nicht analytisch. Er sagt nicht, dass Wunder unmöglich sind, weil sie eine Ausnahme von einem Naturgesetz darstellen und Naturgesetze definitionsgemäß keine Ausnahmen zulassen. Auf diese Art ließe sich ebenso gegen die Sinnhaftigkeit der Vorstellung von Naturgesetzen wie gegen die von Wundern argumentieren. Ob sich ein Wunder ereignet hat oder nicht, ist eine Tatsachenfrage und kann nur durch Rückgriff auf die Erfahrung entschieden werden.[84]

Da unsere Überzeugung von der Geltung der Naturgesetze auf der Erfahrung einer ausnahmslosen Regelmäßigkeit im Zusammentreffen bestimmter Ereignisse beruht, ist sie durch das belegt, was Hume einen Beweis nennt. Der durch einen Wunderbericht geäußerten Behauptung, dass ein Naturgesetz gebrochen wurde, steht also immer ein empirischer Gegenbeweis gegenüber. Was durch einen Beweis belegt ist, halten wir vernünftigerweise für wahr. Warum sollten wir also einem Bericht glauben, der das Gegenteil dessen behauptet, was durch einen Beweis belegt ist?

Nach Hume haben wir nur dann einen vernünftigen Grund dazu, wenn die Falschheit des Wunderberichts unwahrscheinlicher ist als das Ereignis, von dem er berichtet. Da er von einem Bruch der Naturgesetze berichtet, kann das jedoch nur der Fall sein, wenn der Wunderbericht ebenfalls einen Beweis auf seiner Seite hat. Gäbe es historische Dokumente aus verschiedenen Teilen der Erde, in denen gebildete und zuverlässige Gelehrte unabhängig voneinander, unter Ausschluss aller natürlichen Ursachen und ohne persönliche Vorteile daraus ziehen zu können, von einem Bruch der Naturgesetze wie dem vorübergehenden Aussetzen der Schwerkraft berichten, so könnte ein vernünftiger Mensch Hume zufolge durchaus in Betracht ziehen, dass ein solches Ereignis stattgefunden hat.

Derartige Fälle haben sich aber bisher noch nicht ereignet. In jedem einzelnen uns bekannten Wunderbericht überwiegt die Wahrscheinlichkeit, dass der Berichterstatter entweder selbst getäuscht wurde oder andere bewusst täuschen wollte. Besonders religiös motivierte Wunderberichte haben immer den Zweck, die Zeugen des Wunders als von Gott auserwählt und die von ihnen vertretene religiöse Lehre als die einzig wahre erscheinen zu lassen. Dies macht sie von vornherein unglaubwürdig. Dass religiös motivierte Wunderberichte nicht glaubwürdig sind, ist damit selbst durch einen empirischen Beweis im Sinne einer ausnahmslosen Regelmäßigkeit belegt. Hume zieht daraus den Schluss, dass ein vernünftiger Mensch religiös motivierte Wunderberichte ohne weitere Prüfung als falsch verwerfen wird. Wer Wunderberichten glaubt, tut dies nicht aus vernünftigen Gründen, sondern aufgrund der zwar natürlichen, aber dennoch irrationalen Vorliebe der Menschen für das Außergewöhnliche und Erstaunliche.

Widerspricht der Glaube an Gott ebenfalls der Vernunft? Nein. Er beruht allerdings auch nicht auf ihr. Die Frage nach der Existenz Gottes übersteigt unsere Erfahrungen. Legt man Humes eigene Kriterien seriöser Wissenschaft an, dürfte er über diese Frage daher eigentlich gar nicht schreiben. Er umgeht diese selbst erschaffene Hürde durch einen stilistischen Kniff. Statt eine Abhandlung über die Existenz und die Eigenschaften Gottes zu schreiben, wendet er sich diesem Thema in Dialogform zu.[85] Aus einer ihrem Wesen nach theologischen Diskussion wird so eine empirisch-literarische Darstellung der wichtigsten Meinungen, die Intellektuelle seiner Zeit zu diesem Thema vertreten.

Die Figuren, die Hume in seinen *Dialogen über natürliche Religion* einführt, tragen die Namen Demea, Cleanthes und Philo.[86] Demea kommt relativ selten zu Wort. Seine Position beschränkt sich im Wesentlichen darauf, die Unerklärbarkeit Gottes zu betonen, ohne dabei Zweifel an dessen Erhabenheit und Anbetungswürdigkeit zuzulassen. Von den drei Dialogpartnern steht Demea der unreflektierten Tradition der Offenbarungsreligionen am nächsten.

Cleanthes wird als Vertreter der natürlichen Religion eingeführt. In seiner Position finden sich deutliche methodische Anknüpfungspunkte an Humes theoretische Philosophie. Anders als Demea weiß er zum Beispiel, dass Tatsachenfragen wie die nach dem Wesen Gottes nicht a priori, sondern nur durch Rückgriff auf die Erfahrung entschieden werden können. Von den drei traditionellen Gottesbeweisen[87] ist für ihn daher nur der teleologische der näheren Betrachtung wert.
Cleanthes vertritt ein Argument, das sich in religiösen Kreisen bis heute als Designargument (argument from design)[88] großer Beliebtheit erfreut. Demnach lässt sich die Welt als eine große Maschine verstehen, und wie alle Maschinen unserer Erfahrung nach von einem intelligenten Geist entworfen wurden, so muss im Analogieschluss dazu auch die Welt von einem intelligenten Geist konzipiert worden sein. (Vgl. DNR, Teil II, 53) Demeas Versuch, diesen göttlichen Geist als etwas gegenüber dem menschlichen Geist völlig anderes zu interpretieren, weist Cleanthes zurück. Der Begriff »Geist« bleibe vollkommen unverständlich, wenn man ihn in einem anderen als dem uns aus Erfahrung bekannten Sinne verwende. (Vgl. DNR, Teil IV, 70 f.)
Philo, der dritte Dialogpartner, nimmt die Rolle des Skeptikers ein. Seine Position kommt derjenigen Humes am nächsten. Als Philosoph sieht sich Hume zwar dazu verpflichtet, die Argumente der drei Diskussionspartner durch eine möglichst unparteiische Darstellung für sich selbst sprechen zu lassen und auf eigene metaphysische Spekulationen zu verzichten. Geht es hingegen um den persönlichen Standpunkt, würde Hume den meisten Überlegungen Philos aber wohl bedenkenlos zustimmen.
Während Demea im Laufe des Gesprächs von Philo eher vorgeführt und über geschickte Umwege auf verschiedene Inkonsistenzen seiner Argumentation hingewiesen wird, nimmt Philo die Position von Cleanthes durchaus ernst. Philos Kritik am Designargument läuft darauf hinaus, dass er die Analogie, die diesem Argument zugrunde liegt, als solche akzeptiert,

letztlich jedoch für zu schwach hält, um die Existenz Gottes als durch vernünftige Argumente bewiesen zu betrachten.

Nach Philo reichen unsere Erfahrungen nicht aus, um sichere Schlüsse auf den Ursprung des Universums zu ziehen.[89] Cleanthes schließe in seinem Argument von einem Teil der Schöpfung auf die Schöpfung als Ganzes. Selbst wenn derartige Schlüsse legitim wären, bieten sich nach Philo zumindest einige alternative Analogieschlüsse an. Statt mit einer Maschine könne man die Welt etwa auch mit einem tierischen oder pflanzlichen Organismus vergleichen. (Vgl. DNR, Teil VI, 80f.) In diesem Fall würde ihre Entstehung nicht auf intelligentem Design, sondern auf dem Prinzip der Zeugung beruhen. Da sich nicht objektiv beweisen lasse, dass eine dieser Erklärungen den anderen vorzuziehen sei, müsse jeder selbst entscheiden, welches Entstehungsprinzip er für das plausibelste halte. (Vgl. DNR, Teil VII, 87–90) Philo selbst scheint die Annahme eines der Materie immanenten Ordnungsprinzips am überzeugendsten zu sein.

In jedem Fall sei mit der Behauptung einer geistähnlichen Ursache der Welt nichts gewonnen, da auch diese wiederum eine Ursache haben müsse. Man könne daher ebenso gut bei der materiellen Welt haltmachen und annehmen, dass diese aus sich selbst heraus Ordnung hervorbringe. Dass sich ein System von Vorstellungen, als das Cleanthes den göttlichen Geist betrachtet, selbst zu ordnen vermöge, leuchte nicht mehr ein als die Idee einer materiellen Welt, die sich selbst ordne. (Vgl. DNR, Teil IV, 72f.)

Zudem rechtfertige die Analogie zum menschlichen Geist nicht die Annahme einer Unendlichkeit oder Vollkommenheit Gottes, da der menschliche Geist weder unendlich noch vollkommen sei. Gott könne genauso gut als sterblich und körperlich aufgefasst werden, weil der menschliche Geist uns nur in Kombination mit einem sterblichen Körper bekannt sei. Da große Werke meist von mehreren Menschen vollbracht werden, erlaube es das Argument von Cleanthes nicht einmal, auf einen einzelnen Gott als Ursache der Welt zu schließen. Alle

Aussagen über die Eigenschaften Gottes seien daher nichts anderes als bloße Mutmaßungen. (Vgl. DNR, Teil V, 76–79)
Besonders wichtig ist Philo diese Feststellung in Bezug auf die moralischen Eigenschaften Gottes. In diesem Zusammenhang macht er auf das von Epikur (341–271/70 v. Chr.) formulierte Theodizee-Problem aufmerksam: Wenn Gott so mächtig und gleichzeitig gütig ist, woher kommt dann das Übel in der Welt? (Vgl. DNR, Teil X, 108 f.) Die These von Leibniz, dass Gott unter allen möglichen Welten die beste gewählt habe, hält Philo für nicht überzeugend. Letztlich mag der faktische (schlechte) Zustand der Welt kein sicherer Gegenbeweis gegen die Güte Gottes sein. Es erscheint Philo jedoch als völlig unangebracht, aus dem empirischen Zustand der Welt auf einen gütigen Gott zu schließen. Wer nicht bereits aus anderen Gründen an einen gütigen Gott glaube, würde sich von diesem Argument angesichts der offensichtlichen Schlechtigkeit der Welt niemals überzeugen lassen. (Vgl. DNR, Teil XI, 113 f.)
Mit diesen Überlegungen bringt Philo Demea dazu, die Runde zu verlassen. Unter vier Augen gibt Philo dann zu, sich mit Cleanthes im Wesentlichen einig zu sein. Beide stimmen darin überein, dass die Analogie zwischen dem Universum und den Produkten menschlicher Planung weder vollkommen noch gänzlich unberechtigt ist. Ihre Uneinigkeit betrifft lediglich den Grad ihrer Angemessenheit. Während der Skeptiker auf die Unterschiede und Probleme hinweist, betont der Theist eher die Ähnlichkeiten. (Vgl. DNR, Teil XII, 130)
Philo gesteht Cleanthes letztlich zu, dass die Ursache der Ordnung im Universum wahrscheinlich (aber eben nicht erwiesenermaßen) eine entfernte Ähnlichkeit mit menschlicher Intelligenz besitzt. Er betont jedoch gleichzeitig, dass aufgrund dieser gemeinsamen Überzeugung keine weiteren Schlussfolgerungen auf die Eigenschaften Gottes oder auf das, was Menschen zu tun oder zu lassen haben, möglich sind.[90] Die natürliche Religion verträgt sich zwar besser mit der Vernunft als die Offenbarungsreligionen, hat sich wie diese jedoch gänzlich aus dem Bereich der Moral herauszuhalten.

Wie man philosophieren soll

Aus den in diesem Band vorgestellten Überlegungen Humes lassen sich einige grobe Grundregeln zum angemessenen Philosophieren aufstellen: Wer ein guter Philosoph sein will, sollte nach Hume eine klare Vorstellung davon haben, worüber er redet. Um dies zu erreichen, muss er bis zu einem gewissen Grad Skeptiker sein.[91] Er muss erkennen, dass sich nichts von selbst versteht. Selbst scheinbare Selbstverständlichkeiten wie die Überzeugung, dass jedes Ereignis notwendigerweise eine Ursache haben muss, bedürfen bei genauerer Betrachtung der Erklärung.

Wenn diese Erklärung nicht leer sein soll, darf sie keine sinnlosen Begriffe enthalten. Sinnlos ist ein Begriff dann, wenn er nicht in der Erfahrung geerdet ist, wenn wir also nicht angeben können, auf welche konkreten Vorstellungen er verweist und in welchen Eindrücken diese Vorstellungen ihre Wurzel haben. Ein guter Philosoph muss Hume zufolge daher auch Empirist sein. Er muss einsehen, dass sich nur über solche Gegenstände sinnvoll philosophieren lässt, die Gegenstand unserer Erfahrung sind. (Vgl. EHU 12.24–34; SBN 161–165) Nicht jede scheinbar philosophische Frage verdient eine Antwort; in vielen Fällen ist es angemessener, eine Frage zurückzuweisen, da sie entweder falsch gestellt ist oder ihre Beantwortung die Grenzen vernünftigen Denkens überschreiten würde. Je mehr sich ein Philosoph von den Themen und der Sprache des täglichen Lebens entfernt, desto eher läuft er Gefahr, mit seinen Überlegungen Absurditäten zu produzieren oder in den Bereich spekulativer Metaphysik abzugleiten. (Vgl. EHU 1.4; SBN 7)

Wer sich philosophischen Themen auf angemessene Art und Weise nähert, wird nach Hume zu dem Ergebnis kommen, dass bei der Entstehung der meisten Phänomene mehrere natürliche Prinzipien ineinandergreifen. Wie Hume ausführt, wird dieser Punkt in der Philosophie viel zu wenig beachtet.[92] Die meisten Philosophen greifen sich aus der Vielzahl aller relevanten Prinzipien nur ein einziges heraus und versuchen, ungeachtet der dabei entstehenden Absurditäten, mit diesem einen Prinzip die gesamte Welt zu erklären. Ein guter Philosoph wird, so Hume, stets bestrebt sein, diesen Fehler zu vermeiden.

Besonders anschaulich zeigt sich diese Strategie in Humes Moralphilosophie. Viele Interpreten halten diese im Vergleich zu seiner theoretischen Philosophie für deutlich weniger originell. Die Idee, über Fragen der Moral in den Begriffen von Tugend und Laster nachzudenken, findet sich bereits in der Antike, insbesondere bei Aristoteles und Cicero (106–43 v. Chr.). Hinsichtlich der kontraktualistischen Elemente seiner Moraltheorie folgt Hume Epikur und Hobbes. Über das moralische Gefühl haben vor ihm bereits Shaftesbury und Hutcheson geschrieben. Wer sich für das Prinzip der Sympathie oder die unparteiische Perspektive interessiert, wird diese Themen bei Adam Smith ausführlich erörtert finden. Und die Rolle der Nützlichkeit wird von Utilitaristen wie Jeremy Bentham (1748–1832) und John Stuart Mill (1806–1873) sehr viel stärker als von Hume betont. Warum also bei Hume haltmachen, statt sich gleich einem Theoretiker zuzuwenden, der die von Hume angesprochenen Themen sehr viel konsequenter ins Zentrum seiner Überlegungen stellt?

Der Hobbykoch Hume würde auf diese Frage vielleicht antworten, dass ein gutes Gericht nicht allein durch die Auswahl der Zutaten entsteht, sondern durch ihr angemessenes Verhältnis zueinander und die Art und Weise ihrer Zubereitung. Analog dazu zeichnet sich eine gute philosophische Theorie nicht allein dadurch aus, dass sie das in einem bestimmten Kontext bedeutendste Prinzip benennt, sondern auch und vor allem dadurch, dass sie das komplexe Zusammenwirken aller in diesem Kontext relevanten Prinzipien auf angemessene Weise erklärt.

Ein guter Philosoph im humeschen Sinne muss außerdem in der Lage sein, seine Überlegungen ebenso exakt wie anschaulich darzustellen. Die Gefahr, sinnlose Begriffe zu verwenden, steigt zwar mit dem Grad der Abstraktheit unserer Gedankengänge. Dies allein ist für Hume aber kein Grund, sich einer oberflächlichen Art des Philosophierens zu verschreiben. Wenn Philosophie Wissenschaft sein will, hat sie hinsichtlich der Exaktheit und Tiefgründigkeit ihrer Aussagen wissenschaftlichen Maßstäben zu genügen. (Vgl. EHU 1.11 f.; SBN 11–13) Da abstrakte Überlegungen zwar nötig sind, jedoch nur einen geringen Einfluss auf das Denken und Handeln der Menschen ausüben, muss ein guter Philosoph letztlich Maler und Anatom zugleich sein. (Vgl. EHU 1.8; SBN 9 f.) Die Genauigkeit der Studien des Anatomen liefert dem Maler die unverzichtbare Grundlage für eine angemessene Darstellung der Dinge, doch ohne die Darstellungskunst des Malers werden die abstrakten Studien des Anatomen keine Beachtung finden und nicht verstanden werden. Dies hat Hume am eigenen Leib erfahren. Während er in seinem *Traktat* noch die Auffassung vertritt, dass die Stärken des Anatomen und des Malers aus ästhetischen Gründen niemals im selben Werk vereinigt werden können (vgl. T 3.3.6.6; SBN 620 f.), zeugen seine späteren Werke davon, dass er nach dem publizistischen Misserfolg seines Hauptwerks mindestens ebenso viel Wert auf die stilistischen Qualitäten seiner Schriften gelegt hat wie auf ihren Inhalt. (Vgl. Es 533–537; »Of Essay-Writing«)
Selbst der mitreißendste Stil wird jedoch, so Hume, nichts an der Tatsache ändern, dass philosophische Reflexionen im Leben der meisten Menschen eine verschwindend geringe Rolle spielen.[93] Als letztes Merkmal einer typisch humeschen Philosophie kann daher festgehalten werden, dass ein guter Philosoph sich in dem, was er tut, nicht allzu ernst nehmen sollte. Wer die menschliche Natur kennt, wird einsehen, dass das Handeln der Menschen nicht von abstrakten Gedankengängen bestimmt wird. Viele der wirklich wichtigen Dinge des Lebens hat die Natur durch Prinzipien geregelt, die durch philoso-

phische Überlegungen zwar erklärt, nicht jedoch beeinflusst werden können; und in den meisten Fällen hat sie nach Hume gut daran getan.

Hume treibt den Aufklärungsgedanken nicht so weit, dass er aus allen Menschen Philosophen machen möchte. (Vgl. T 1.4.7.14; SBN 272) Selbst in ihrem Kampf gegen den Aberglauben erreicht die Philosophie nur diejenigen, denen daran gelegen ist, sich selbst als vernünftige Menschen betrachten zu können. Der größte Nutzen der Philosophie resultiert für Hume nicht aus ihren Ergebnissen, sondern aus der bloßen Beschäftigung mit ihr. Durch Konzentration und Übung in der soeben vorgestellten Methodik des Denkens gelangt der Philosoph zu einer unmerklichen Charakterverbesserung (vgl. Es 168–172 »The Sceptic«; EHU 1.9; SBN 10), die ihn in die Lage versetzt, die verschiedenen Herausforderungen des Lebens besser zu bewältigen. Wer über seine philosophischen Studien zu leben vergisst, beraubt die Philosophie damit eines guten Teils ihres eigentlichen Wertes. Daher rät Hume jedem Philosophen dazu, bei all seiner Philosophie stets Mensch zu bleiben. (Vgl. EHU 1.6; SBN 8 f.)

Philosophie ist für Hume letztlich nur ein sinnvoller Zeitvertreib neben anderen. Sie bereichert die Welt auf ihre spezifische Art und Weise, unterscheidet sich darin jedoch nicht grundlegend von den schönen Künsten oder anderen sozialen und kulturellen Tätigkeiten. Einen wirklichen Grund zum Philosophieren hat nach Hume daher nur, wer die natürliche Neigung zur Beschäftigung mit den allgemeinen Fragen der Menschheit in sich spürt. (Vgl. T 1.4.7.11–13; SBN 270–272)

Wenn Sie bei der Lektüre dieses Bandes etwas von dieser Neigung in sich entdeckt haben: Lesen Sie Hume!

Für die Durchsicht einer früheren Fassung des Manuskripts und hilfreiche Hinweise danke ich Heiner F. Klemme und Falk Wunderlich.

Anmerkungen

1 Der zweite ist laut Hegel J. J. Rousseau (1712–1778).

2 Williams, Bernard: Kritik des Utilitarismus, hg. u. übers. v. Wolfgang R. Köhler, Frankfurt am Main 1979, 116.

3 Die Ansätze zur Interpretation der humeschen Texte sind so vielfältig, dass sich sowohl Aufklärer als auch Gegenaufklärer auf Hume berufen haben. Humes theoretische Philosophie wurde skeptizistisch, naturalistisch oder positivistisch gedeutet, seine normative Ethik als utilitaristisch, kontraktualistisch oder tugendethisch und seine Metaethik sowohl als emotivistisch als auch als realistisch. Vgl. Wiesing 2007, 409–441; Pauer-Studer 2007, 288–321; Gräfrath 1991, 5–44.

4 Hume hat sich kurz vor seinem Tod durch ein seinen späteren Werken vorangestelltes »Advertisement« ausdrücklich von seinem *Traktat über die menschliche Natur* distanziert und dazu aufgefordert, nur noch seine späteren Veröffentlichungen als Ausdruck seiner philosophischen Position zu betrachten. Vgl. EHU Adv.; SBN xlii. Dies hatte jedoch vornehmlich stilistische Gründe. Der *Traktat* gilt aufgrund seiner philosophischen Tiefe als Humes Hauptwerk, obwohl Humes spätere Werke literarisch und stilistisch ausgereifter sind.

5 Da nur wenige Menschen lesen konnten und Bücher sehr teuer waren, kann von einer allgemeinen Zugänglichkeit von Wissen zu dieser Zeit allerdings noch keine Rede sein.

6 Für Humes Gesamtwerk in mehrfacher Hinsicht relevant ist auch das *Dictionnaire Historique et Critique* des französischen Skeptikers Pierre Bayle (1647–1706).

7 Eine anschauliche Erläuterung dieser Begriffe findet sich in: Poser, Hans: René Descartes. Eine Einführung, Stuttgart 2003, Kapitel 1.

8 Vgl. dazu Lüthe 1991, Teil B. Vielen seiner Zeitgenossen war Hume in erster Linie als Historiker bekannt. Seine *Geschichte Englands* wurde zu einem Standardwerk britischer Geschichtsschreibung.

9 Da Hume diese empirische Basis als Grundvoraussetzung für gelungenes Philosophieren betrachtet, verstößt er zuweilen seiner-

seits gegen eine wichtige Grundregel des Philosophierens, nach der kritisierte Theorien so stark wie möglich zu machen sind. Seine Darstellung rationalistischer Positionen wird diesen daher nicht immer gerecht.

10 Im Unterschied zu Rationalisten wie Descartes benutzt Hume den Skeptizismus nicht nur zum Auffinden eines sicheren Fundaments seines Denkens, sondern behält ihn auch darüber hinaus (in gemäßigter Form) vergleichsweise konsequent bei.

11 Eine Auflistung der wichtigsten Begriffe der humeschen Philosophie findet sich im Anhang dieses Bandes.

12 Humes Verständnis von Perzeptionen und deren weitere Unterteilungen sollten nicht als alternativlos verstanden werden; sie bieten reichlich Angriffsfläche für systematisch motivierte Kritik. Um die humesche Art des Philosophierens zu verstehen, ist es jedoch nötig, diese Begriffe zunächst so anzunehmen und zu verwenden, wie Hume sie einführt.

13 Vgl. Descartes, René: Meditationes de Prima Philosophia / Meditationen über die Erste Philosophie, übers. u. hg. v. G. Schmidt, Stuttgart 1986. Descartes entwickelt seinen berühmten Gedanken in der zweiten Meditation, in der das Zitat jedoch nicht wörtlich vorkommt.

14 Wie genau die Entstehung von Eindrücken mit bestimmten Eigenschaften der äußeren Dinge zusammenhängt, erläutert Hume nicht; diese Frage müssen nach Hume die Naturwissenschaften beantworten.

15 Vgl. Locke, John: An Essay concerning Human Understanding, hg. v. P. H. Nidditch, Oxford 1979; dt.: Versuch über den menschlichen Verstand, 2 Bde., übers. u. hg. v. U. Thiel, Berlin 1997, erstes Buch.

16 Vgl. T 1.1.1.5; SBN 3; EHU 2.5; SBN 19. Es gibt jedoch einige wenige einfache Vorstellungen, die tatsächlich der Einbildungskraft entstammen. Die bekannteste Ausnahme dieser Art ist Humes Beispiel der »fehlenden Blauschattierung«; er geht davon aus, dass ein Mensch, der alle Blautöne bis auf einen gesehen hat, sich diesen dennoch vorstellen kann. Vgl. T.1.1.1.10; SBN 5f.; EHU 2.8; SBN 20f.

17 Da die Vorstellung und der Eindruck, auf dem diese beruht, dem Geist nie gleichzeitig präsent sind, bleibt unklar, wie beide hinsichtlich ihrer Ähnlichkeit miteinander verglichen werden kön-

nen. Ob und inwiefern Hume meint, den von ihm angenommenen kausalen Zusammenhang zwischen einfachen Eindrücken und einfachen Vorstellungen mit den Mitteln seines eigenen Ansatzes (insbesondere seiner Theorie der Kausalität) beweisen zu können, bleibt fraglich.

18 »When I oppose the imagination to the memory, I mean the faculty, by which we form our fainter ideas.« T 1.3.9.19. Fn; SBN 118 Fn.

19 Vgl. Berkeley, George: A Treatise Concerning the Principles of Human Knowledge, hg. v. J. Dancy, Oxford / New York 1998; dt.: Eine Abhandlung über die Prinzipien der menschlichen Erkenntnis, übers. u. hg. v. G. Gawlick u. L. Kreimendahl, Stuttgart 2005.

20 Dieser Paralogismus geht auf Eubulides aus Milet (4. Jh. v. Chr.) zurück.

21 »When we entertain, therefore, any suspicion that a philosophical term is employed without any meaning or idea (as is but too frequent), we need but enquire, *from what impression is that supposed idea derived*? And if it be impossible to assign any, this will serve to confirm our suspicion. By bringing ideas into so clear a light we may reasonably hope to remove all dispute, which may arise, concerning their nature and reality.« EHU 2.9; SBN 22.

22 Vgl. T 1.4.6.4; SBN 252 f. Die folgenden Ausführungen dienen dazu, das in diesem Absatz angeführte, etwas unglückliche Beispiel Humes genauer zu erläutern.

23 Ein von Hume angesprochenes, jedoch nicht gelöstes Problem ist die Frage, wie wir vor diesem Hintergrund zur Vorstellung personaler Identität gelangen. Vgl. T 1.4.6; SBN 251–263. Obwohl unsere Vorstellung von uns als Personen mit einem individuellen Selbst nach Hume auf einem stets in Veränderung und Erweiterung begriffenen Bündel vieler verschiedener Perzeptionen beruht, stellen wir uns unser Ich als einfach, über die Zeit hinweg konstant und mit sich selbst identisch vor. Im Anhang zu seinem *Traktat* hält Hume am negativen Teil seiner Theorie zwar fest, gibt jedoch zu, letztlich keine befriedigende Erklärung für die Entstehung dieser Fiktion von personaler Identität anbieten zu können. Vgl. T App. 10–21; SBN 633–636.

24 »'Tis evident, then, there is an attraction or association among impressions, as well as among ideas; tho' with this remarkable difference, that ideas are associated by resemblance, contiguity, and causation; and impressions only by resemblance.« T 2.1.4.3;

SBN 283. Die hier gemeinte »Anziehung« lässt sich im Sinne der newtonschen Gravitationstheorie verstehen. »Die Assoziation ist demnach eine Relation, die sich aufgrund von Eigenschaften der Ideen von selbst einstellt. Wenn Ideen diese Eigenschaften haben, dann ziehen sie sich ganz unabhängig von den Erfahrungen des Menschen an.« Wiesing 2007, 278. Dies zeichnet die von Hume als Assoziationsprinzipien bezeichneten Relationen gegenüber den anderen im *Traktat* eingeführten philosophischen Relationen aus. Vgl. T 1.1.5.1–10; SBN 13–15.

25 Vgl. T 3.1.1.9; SBN 458. Der Begriff »real« darf hier nicht ontologisch objektiv verstanden werden, da wir über eine vom betrachtenden Subjekt unabhängige Wirklichkeit nach Hume nichts wissen können. Ich werde darauf zurückkommen.

26 Die Begriffe »analytisch« und »synthetisch« verwendet Hume selbst nicht; sie entstammen der kantischen Philosophie und dienen hier nur der Erläuterung.

27 Kant entwickelt diese für die Philosophiegeschichte revolutionäre Idee in seiner *Kritik der reinen Vernunft*. Vgl. Kant, Immanuel: Kritik der reinen Vernunft (A: 1781; B: 1787), in: ders.: Gesammelte Schriften (Akademie-Ausgabe), hg. v. d. Preußischen/Deutschen/Göttinger/Berlin-Brandenburgischen Akademie der Wissenschaften, Berlin 1900 ff., Bd. III und IV.

28 »Our reason must be consider'd as a kind of cause, of which truth is the natural effect; but such-a-one as by the irruption of other causes, and by the inconstancy of our mental powers, may frequently be prevented.« T 1.4.1.1; SBN 180.

29 Wäre der Glaube (an die Existenz des Vorgestellten), also die Perzeption, die den Unterschied zwischen Fiktion und Überzeugung markiert, eine Vorstellung, könnten wir diese Vorstellung mithilfe der Einbildungskraft mit beliebigen anderen kombinieren und so glauben, an was wir wollen. Da dies der Erfahrung widerspricht, kann der Glaube keine Vorstellung und muss infolge dessen ein Eindruck sein. Vgl. EHU 5.10–12; SBN 48–50. Humes Theorie des Glaubens wird im ersten Buch des *Traktats* entwickelt, im Anhang zum *Traktat* modifiziert und in der ersten *Untersuchung* vollendet.

30 Vgl. EHU 12.24–34; SBN 161–165. Hume nennt die radikale Form des Skeptizismus mit Bezug auf Pyrrhon von Elis »Pyrrhonismus«, während er die gemäßigte Variante mit Bezug auf eine bestimmte

Entwicklungsphase der von Platon gegründeten Akademie auch als »akademische Philosophie« bezeichnet.

31 Wie die folgenden Überlegungen zeigen, ist ein korrespondenztheoretischer Wahrheitsbegriff im Sinne einer Übereinstimmung von Vorstellungen mit den realen Gegebenheiten der Außenwelt zwar möglich, kann systematisch jedoch nicht am Anfang, sondern allenfalls am Ende von Humes Überlegungen zu Wahrheit und Vernunft stehen.

32 Die Gewohnheit ist nicht das einzige Prinzip, das Glauben erzeugen kann. Nur wenige Menschen müssen zum Beispiel mehrfach auf eine heiße Herdplatte fassen, um den Glauben zu entwickeln, dass derartige Handlungen Schmerz zur Folge haben.

33 Bei vielen Philosophen nimmt Gott diese Rolle ein. Selbst wenn Gott existiert, sieht Hume jedoch keine Veranlassung dafür, ihm Allwissenheit zuzuschreiben.

34 Hume selbst unterscheidet eine Freiheit der Indifferenz (liberty of indifference) und eine Freiheit der Spontanität (liberty of spontaneity). Vgl. T 2.3.2.1; SBN 407.

35 Hume weist dem Strafrecht in erster Linie eine präventive Funktion zu. Auch im Rahmen vergeltungstheoretischer Ansätze ließe sich jedoch argumentieren, dass ein Täter seine Strafe nur dann »verdient«, wenn seine Handlung einen kausalen Bezug zu seinen Motiven aufweist.

36 Zur systematischen Debatte über Willensfreiheit vgl.: Bieri, Peter: Das Handwerk der Freiheit. Über die Entdeckung des eigenen Willens, Frankfurt am Main [2]2004.

37 Einer der wichtigsten zeitgenössischen Kritiker der humeschen Handlungstheorie, nach der sich Handlungen als das kausale Produkt von Motiven verstehen lassen, ist der schottische Common-Sense-Philosoph Thomas Reid (1710–1796). Vgl. Reid, Thomas: Essays on the Active Powers of Man, hg. v. B. Brody, Cambridge/Mass., London 1969, 283 ff.

38 Hume selbst gebraucht den Motivbegriff deutlich freier und scheint oft nicht zwischen Motiv und Affekt zu unterscheiden. Systematisch macht diese Differenzierung jedoch Sinn, da Hume Motive als die Ursachen von Handlungen ansieht und ein Affekt allein keine hinreichende Bedingung für die Ausführung einer bestimmten Handlung darstellt.

39 Das auf Hume zurückgehende »Belief-desire-Modell« gilt trotz

häufiger Kritik von verschiedenen Seiten nach wie vor als Standarderklärung menschlichen Handelns. Vgl. Stoecker, Ralf: Einleitung, in: ders. (Hg.): Handlungen und Handlungsgründe, Paderborn 2002; Gosepath, Stefan: Praktische Rationalität. Eine Problemübersicht, in: ders. (Hg.): Motive, Gründe, Zwecke. Theorien praktischer Rationalität, Frankfurt am Main 1999.

40 Erst in der zweiten *Untersuchung* benutzt Hume den Begriff freier, sodass er auch die generelle Haltung oder das Ergebnis der Einfühlung bezeichnen kann.

41 Vgl. T 2.1.11.1–3; SBN 316f. Humes Prinzip der Sympathie nimmt vieles vorweg, was heute in der Psychologie unter dem Begriff »Empathie« diskutiert wird. Durch die Entdeckung der Spiegelneuronen in den Neurowissenschaften hat diese Diskussion neue Aktualität erhalten.

42 Ein schwächerer Affekt kann auch gänzlich im stärkeren aufgehen. Vgl. OTP 6.2.

43 »The *will* exerts itself, when either the presence of the good or absence of the evil may be attain'd by any action of the mind or body.« T 2.3.9.7; SBN 439.

44 Diese These Humes weist deutliche Parallelen zu den Ergebnissen aktuell diskutierter Experimente in der Hirnforschung auf. Vgl. Geyer, Christian (Hg.): Hirnforschung und Willensfreiheit. Zur Deutung der neuesten Experimente, Frankfurt am Main 2004.

45 Moderne Autoren – Kritiker wie Humeaner – unterschlagen diesen Punkt oft und betonen einzig Humes Argumente gegen die praktische Vernunft. Ohne den Hinweis auf Humes Theorie der ruhigen Affekte lässt sich seine Handlungstheorie jedoch nicht angemessen verstehen.

46 In diesem Punkt wird Kant mit seinem Konzept einer praktischen Vernunft eine völlig andere Position vertreten. Vgl. Kant, Immanuel: Kritik der praktischen Vernunft, in: ders.: Gesammelte Schriften (Akademie-Ausgabe), hg. v. d. Preußischen/Deutschen/Göttinger/Berlin-Brandenburgischen Akademie der Wissenschaften, Berlin 1900ff., Bd. V.

47 »[...] no sentiment represents what is really in the object. It only marks a certain conformity or relation between the object and the organs or faculties of the mind; and if that conformity did not really exist, the sentiment could never possibly have being. Beauty is no quality in things themselves: It exists merely in the mind

which contemplates them; and each mind perceives a different beauty.« Es 230.

48 »Strong sense, united to delicate sentiment, improved by practice, perfected by comparison, and cleared of all prejudice, can alone entitle critics to this valuable character; and the joint verdict of such, wherever they are to be found, is the true standard of taste and beauty.« Es 241.

49 »Though it be certain, that beauty and deformity, more than sweet and bitter, are not qualities in objects, but belong entirely to the sentiment, internal or external; it must be allowed, that there are certain qualities in objects, which are fitted by nature to produce those particular feelings.« Es 235.

50 Vgl. Clarke, Samuel: A Demonstration of the Being and Attributes of God, London 1705; ND Stuttgart 1964, 235. Vgl. auch ders.: A Discourse concerning the Unchangable Obligations of Natural Religion, London 1706; ND Stuttgart 1964.

51 »Here is a matter of fact; but 'tis the object of feeling, not of reason. It lies in yourself, not in the object. So that when you pronounce any action or character to be vicious, you mean nothing, but that from the constitution of your nature you have a feeling or sentiment of blame from the contemplation of it.« T 3.1.1.26; SBN 469.

52 Für eine Übersicht über die wichtigsten in dieser Diskussion vertretenen Positionen vgl. Chappell 1968.

53 Vgl. Moore, G. E.: Principia Ethica, verb. Aufl., Cambridge 1993; dt.: Principia Ethica, Stuttgart 1996, Kapitel 1.10.

54 »To have the sense of virtue, is nothing but to *feel* a satisfaction of a particular kind from the contemplation of a character. The very *feeling* constitutes our praise or admiration. We go no farther; nor do we enquire into the cause of the satisfaction. We do not infer a character to be virtuous, because it pleases: But in feeling that it pleases after such a particular manner, we in effect feel that it is virtuous.« T 3.1.2.3; SBN 471.

55 Vgl. Hutcheson, Francis: An Essay on the Nature and Conduct of the Passions and Affections, with Illustrations on the Moral Sense (1728); dt.: Erläuterungen zum moralischen Sinn, hg. v. J. Buhl, Stuttgart 1984.

56 »Those who resolve the sense of morals into original instincts of the human mind, may defend the cause of virtue with sufficient

authority; but want the advantage, which those possess, who account for that sense by an extensive sympathy with mankind.« T 3.3.6.3; SBN 619. Vgl. auch T 3.3.4.11; SBN 612.

57 Emotivisten im hier relevanten Sinne des Begriffs sind zum Beispiel A. J. Ayer (1910–1989) und C. L. Stevenson (1908–1979).

58 Hume macht auch selbst Gebrauch von derartigen Analogien. Vgl. T 3.1.1.26; SBN 469.

59 Dieser Hinweis scheint mir Humes eigentliche Intention in der Is-ought-Passage zu sein.

60 Einen guten Überblick über die Diskussion der humeschen Moralkonzeption bietet Pauer-Studer 2007, 300–321.

61 Hume selbst verwendet den Begriff des moralischen Sollens in seiner positiven Moraltheorie nicht. Seine Ausführungen über Tugend und Laster lassen sich jedoch problemlos in die Sprache des moralischen Sollens übersetzen.

62 Für den Deterministen Hume heißt das jedoch nicht, dass er auch anders hätte handeln *können*. Jeder Akteur handelt stets seinem stärksten Motiv gemäß. Die Erfahrung zeigt aber, dass wir diese Motive in anderen und uns selbst unterschiedlich bewerten. Wo diese Bewertung nicht rein subjektiv ist, sondern allgemein (auch von Unbeteiligten) geteilt wird, liegt nach Hume eine moralische Wertung vor.

63 Hume betont diese Eigenständigkeit in einem dem dritten Buch des Traktats vorangestellten »Advertisement«.

64 Das moralische Gefühl der Billigung bzw. Missbilligung lässt sich am anschaulichsten als die ruhige Version der Affekte Stolz, Scham, Liebe und Hass beschreiben, sofern diese Gefühle aufgrund der Vorstellung eigener oder fremder Charaktereigenschaften entstehen. Vgl. T 3.3.1.2–5; SBN 574 f. In der zweiten *Untersuchung* spricht Hume von einem allgemein geteilten Gefühl der Menschlichkeit (sentiment of humanity): »[…] the humanity of one man is the humanity of every one; and the same object touches this passion in all human creatures«. EPM 9.6; SBN 273.

65 Dass die Tendenz zur Nützlichkeit eine entscheidende Rolle bei der moralischen Beurteilung von Charaktereigenschaften spielt, ist kein bloßes Postulat, sondern das Ergebnis von Humes empirischen Untersuchungen derjenigen Charaktereigenschaften, die Menschen als Tugenden bezeichnen. Warum der Nützlichkeit

diese Rolle zukommt, erklärt Hume durch das Prinzip der Sympathie.

66 »The same good, when near, will cause a violent passion, which, when remote, produces only a calm one.« T 2.3.4.1; SBN 419.

67 Hume spricht von einem »steady and general point of view«. Vgl. T 3.3.1.15; SBN 581 f. Dieses Konzept weist große Ähnlichkeit mit der von Humes Freund Adam Smith entwickelten Figur des unparteiischen oder idealen Beobachters auf. Vgl. Smith, Adam: *A Theory of Moral Sentiments*, hg. v. D. D. Raphael und A. L. Macfie, Indianapolis 1984; dt.: *Theorie der ethischen Gefühle*, übers. u. hg. v. W. Eckstein, Hamburg 2004. Aufgrund bedeutender Unterschiede dürfen beide Konzepte dennoch nicht miteinander verwechselt werden.

68 »'Tis only when a character is consider'd in general, without reference to our particular interest, that it causes such a feeling or sentiment, as denominates it morally good or evil.« T 3.1.2.4; SBN 472.

69 Nach Hume kann sich das, was als Tugend oder Laster bezeichnet wird, in Abhängigkeit von den äußeren Umständen also ändern, da der Nutzen bestimmter Charaktereigenschaften je nach kulturellem Umfeld variiert. Weil das Prinzip, das der moralischen Beurteilung von Charaktereigenschaften zugrunde liegt, immer und überall dasselbe ist, darf Hume dennoch nicht als ethischer Relativist gelesen werden.

70 Das moralische Gefühl entsteht allerdings aus einem ruhigen Affekt, der durch Vermittlung der Sympathie aus der Vorstellung von etwas Gutem rein als solchem entsteht. Das (ruhige) Verlangen nach diesem allgemeinen Guten kann durchaus handlungsleitend sein, hat jedoch nur wenig mit dem moralischen Gefühl im engeren Sinne zu tun.

71 In ihrer Betonung der allgemeinen Nützlichkeit unterscheidet sich Humes Theorie von der seines Freundes Adam Smith, der die Affekte eines Akteurs als der Situation angemessen betrachtet, wenn diese der Art und der Stärke nach von einem idealen, unparteiischen Beobachter nachempfunden werden können. Dieses Unterschieds war sich auch Smith bereits bewusst. Vgl. Smith 2004, 322 f., 509 f.

72 Treten natürliche und moralische Verbindlichkeit in Widerspruch zueinander, zeigen uns die Gefühle, die wir vom Standpunkt der

Unparteilichkeit aus empfinden, was wir tun sollten. Ein Beispiel Humes zeigt, dass die Moral oftmals stärker wiegt als der Eigennutz. Vgl. T 2.3.6.3; SBN 425.

73 Der Begriff »künstlich« meint hier: nur unter der Voraussetzung künstlich geschaffener Konventionen möglich – und ist keineswegs abwertend gemeint. Der Besitz künstlicher Tugenden ist für Hume nicht weniger lobenswert als der von natürlichen Tugenden. Auch warnt er ausdrücklich vor der naiven Gleichsetzung des Natürlichen mit dem Tugendhaften und des Unnatürlichen mit dem Lasterhaften. Vgl. T 3.1.2.10; SBN 475.

74 Vgl. Mandeville, Bernard: Fable of the Bees: or Private Vices, Publick Benefits, Oxford ^{2}1957; dt.: Die Bienenfabel oder Private Laster, öffentliche Vorteile, Frankfurt am Main ^{2}1980.

75 Die Einführung künstlicher Verteilungsregeln erweist sich nur deshalb als nützlich, weil die Menschen nicht von natürlichem Wohlwollen dazu getrieben werden, die Interessen ihrer Mitmenschen im selben Maße zu achten wie ihre eigenen. In besonderen Situationen, etwa wenn ein bestimmtes Gut im Überfluss vorhanden oder extrem knapp ist, bleibt dieser Nutzen aus. Vgl. EPM 3.1–12; SBN 183–188.

76 Andere Arten von Verpflichtungen wie zum Beispiel Wohlwollen gegenüber dem Partner oder die Einhaltung von Versprechen gelten natürlich für beide Geschlechter gleichermaßen.

77 Hume verwendet »Natur« hier nicht, wie im Fall der »natürlichen« Tugenden, als Gegenbegriff zu »künstlich«, sondern als Gegenbegriff zu »bürgerlich«.

78 Vgl. Hobbes, Thomas: Leviathan, übers. v. J. Schlösser, hg. v. H. Klenner, Hamburg 1996, Kapitel 13 ff.

79 Entscheidend ist für Hobbes die Gleichheit hinsichtlich der Macht: Trotz aller Unterschiede im Detail ist selbst der Schwächste noch stark genug, um den Stärksten zu töten.

80 Nur das Recht zur Selbsterhaltung kann nach Hobbes nicht aufgegeben werden.

81 Das Recht zu strafen wird dem Souverän nach Hobbes nicht durch den Gesellschaftsvertrag übertragen. Vielmehr hat er bei dessen Abschluss als Einziger nicht auf sein natürliches Recht auf alles verzichtet. Vgl. Hobbes, Kapitel 28. Der hobbessche Gesellschaftsvertrag wird nicht mit dem Souverän, sondern unter den (späteren) Untertanen geschlossen. Daher kann einem Unterta-

nen nur durch andere Untertanen Unrecht getan werden, niemals durch den Souverän.

82 Hume kennt also durchaus eine unschädliche und somit legitime Form von Religion; er hält diese nur nicht für weit verbreitet. In den Dialogen lässt er Philo sagen: »True religion, I allow, has no such pernicious consequences: But we must treat of religion, as it has commonly been found in the world [...].« DNR, Teil XII, 134f.

83 Vgl. Es 590–598; »Of the Immortality of the Soul«. Dass es keine unsterbliche Seele gibt, folgt auch direkt aus Humes theoretischer Philosophie: Wenn das Ich nur ein »Bündel« oder Fluss von Perzeptionen ist und der Tod als das endgültige Ende aller Perzeptionen verstanden wird, dann kann es nach dem Tod kein Ich mehr geben.

84 Wenn das Gegenteil jeder Tatsache stets denkmöglich und daher als möglich zu betrachten ist, so muss Hume Wunder in diesem theoretischen Sinne für möglich halten. Seine Kritik richtet sich daher nicht gegen die Möglichkeit von Wundern, sondern gegen die Glaubwürdigkeit von Wunderberichten.

85 Hume benutzt dieses Stilmittel sowohl in EHU 11.1–30; SBN 132–148 als auch in seinem im Folgenden zu behandelnden religionsphilosophischen Hauptwerk *Dialoge über natürliche Religion* (DNR), das er aufgrund der inhaltlichen Brisanz erst posthum veröffentlichen lässt.

86 Hume lässt in DNR Pamphilus, den Schüler von Cleanthes, seinem Freund Hermippus schriftlich von einem längeren Gespräch zwischen den drei genannten Personen berichten.

87 Die bekanntesten Gottesbeweise sind der auf Anselm von Canterbury (1033-1109) zurückgehende und auch von Descartes benutzte ontologische, der auf Aristoteles zurückgehende kosmologische und der besonders durch Thomas von Aquin (um 1225–1274) bekannt gewordene teleologische Gottesbeweis.

88 Humes äußert sich widersprüchlich über seine Einschätzung dieses Arguments. In der *Naturgeschichte* scheint er es zu akzeptieren, in der ersten *Untersuchung* überwiegt deutlich die Kritik, und in den *Dialogen* erkennt Philo das Argument letztlich an, ohne dass seine zahlreichen Gegenargumente jedoch entkräftet worden wären. Vgl. NHR 15.1; EHU 11.30; SBN 148; DNR, Teil XII, 138.

89 Kausalschlüsse sind nach Hume nur auf der Grundlage einer Gleichförmigkeit der bisherigen Erfahrung und nur im Falle be-

reits bekannter Wirkungen *und* Ursachen erlaubt. Legitim wäre der Schluss von Cleanthes daher nur, wenn wir die Erfahrung gemacht hätten, dass bisher alle uns bekannten Universen von einem intelligenten Geist erschaffen wurden. Vgl. EHU 11.30; SBN 148.

90 Vgl. DNR, Teil XII, 138. Hume lässt Philo hinzufügen, dass gerade die Einsicht in die Unfähigkeit der Vernunft, auf diesem Gebiet zu klaren Antworten zu gelangen, Offenheit für die Glaubensinhalte der Offenbarungsreligionen erzeugt. Für die Klärung der Frage, wie viel von Humes persönlicher Ansicht in der von Philo vorgetragenen Position steckt, ist diese Textstelle von besonderer Relevanz.

91 Vgl. T 1.4.7.11; SBN 270. Im *Traktat* scheint Hume das in seinen Augen gesunde Maß an Skeptizismus entweder noch zu verfehlen oder aus stilistischen Gründen die Fiktion einer skeptischen Krise erzeugen zu wollen. Vgl. T 1.4.7.; SBN 263–274. Spätestens ab der ersten *Untersuchung* verweist Humes Naturalismus seinen Skeptizismus jedoch in angemessene Schranken, sodass Humes Philosophie insgesamt betrachtet nicht in den Skeptizismus hinein-, sondern vielmehr durch ihn hindurchführt. Vgl. EHU 12; 1–34; SBN 149–165.

92 Vgl. Es 159; »The Sceptic«. Hume verfasst diesen Essay aus der Perspektive eines fiktiven Skeptikers, um die Unterschiede der skeptischen Philosophie zur stoischen, epikureischen und platonischen deutlich zu machen, deren Eigenheiten er in anderen Essays darstellt. Die wichtigsten Grundsätze des Skeptikers sind jedoch auch diejenigen Humes.

93 Vgl. T 1.4.7.7; SBN 267f.; Es 172; »The Sceptic«. Religion und Aberglaube sind hingegen mit starken Gefühlen verbunden und daher keineswegs so harmlos: »Generally speaking, the errors in religion are dangerous; those in philosophy only ridiculous.« T. 1.4.7.13; SBN 272.

Kommentierte Auswahlbibliografie

Eine Einführung wie diese kann die Lektüre der Schriften Humes niemals ersetzen, sondern allenfalls begleiten und - hoffentlich - erleichtern. Die zentralen Themen der humeschen Philosophie werden in verschiedenen seiner Schriften behandelt, die sich jeweils an unterschiedliche Zielgruppen richten. Dies bietet philosophisch noch ungeübten Lesern die Chance einer strukturierten Lektüre, durch die ihr Kenntnisstand schrittweise erweitert wird.

Um sich zunächst durch die Lektüre einiger kleinerer Schriften einen Überblick über Humes Gesamtwerk zu verschaffen, eignen sich vor allem der *Abstract* (theoretische Philosophie), die Dissertation *Über die Affekte* (Handlungstheorie), die Abschnitte 10 und 11 der ersten *Untersuchung* (Religionsphilosophie) sowie der Schluss und die ersten beiden Anhänge der zweiten *Untersuchung* (Moralphilosophie). Aufbauend auf diesem Überblick kann der Leser zur vollständigen Lektüre der ersten und zweiten *Untersuchung* fortschreiten, deren Stil eher auf den interessierten Laien ausgerichtet ist. Die anschließende Lektüre des *Traktats*, der aufgrund seiner Komplexität als Humes Hauptwerk gilt, stellt die höchsten Ansprüche an den Leser, da sich Hume in diesem Werk an ein Fachpublikum wendet und den *Traktat* später nicht mehr stilistisch überarbeitet hat.

Wer sich für Humes Religionskritik interessiert, sollte sich zusätzlich mit der *Naturgeschichte der Religion* sowie mit den Essays *Über Aberglaube und Schwärmerei*, *Über die Unsterblichkeit der Seele* und *Über Selbstmord* beschäftigen. Ein tiefgehendes Verständnis seines religionsphilosophischen Meisterwerks, der *Dialoge über natürliche Religion*, setzt bereits eine ausreichende Vertrautheit mit Humes philosophischem Gesamtwerk voraus. Zum besseren Verständnis der humeschen Moralphilosophie und Ästhetik empfiehlt es sich außerdem, den Essays *Über den Maßstab des Geschmacks* und *Der Skeptiker* besondere Beachtung zu schenken.

Siglen

DNR *Dialogues concerning Natural Religion (Dialoge über natürliche Religion)*
Es *Essays Moral, Political and Literary*
EHU *An Enquiry concerning Human Understanding (Eine Untersuchung über den menschlichen Verstand)*
EPM *An Enquiry concerning the Principles of Morals (Eine Untersuchung über die Prinzipien der Moral)*
NHR *The Natural History of Religion (Naturgeschichte der Religion)*
OTP *A Dissertation on the Passions*
T *A Treatise of Human Nature (Ein Traktat über die menschliche Natur)*

SBN Englische Standardausgabe der wichtigsten humeschen Werke. Verlag: Oxford University Press. Herausgeber L. A. Selby-Bigge, überarb. von N. H. Nidditch.

Aus Humes Werken korrekt zu zitieren, ist vergleichsweise kompliziert, weil es aktuell keine vollständige Gesamtausgabe gibt. Der *Traktat* und die beiden *Untersuchungen* werden traditionell nach der Seitenzählung der englischsprachigen Ausgabe von Selby-Bigge/Nidditch (SBN) zitiert. In der neuen Clarendon Edition der Werke Humes werden zudem die Abschnitte und Absätze dieser Schriften durchnummeriert (im *Traktat* zusätzlich die drei Bücher und ihre Teile). Seit einiger Zeit fordern die *Hume Studies* ihre Autoren auf, nach der Clarendon Edition zu zitieren und die Zitate auf beide der gerade erwähnten Arten zu belegen. Diese Verfahrensweise habe ich für diesen Band übernommen, da sie das Auffinden der jeweiligen Textstellen auch in den diversen deutschen Ausgaben ermöglicht. So bezieht sich beispielsweise T 3.1.1.27; SBN 469 f. auf den siebenundzwanzigsten Absatz des ersten Abschnitts des ersten Teils des dritten Buchs des *Traktats*, der sich in der Ausgabe von Selby-Bigge/Nidditch auf den Seiten 469 f. findet. Die *Naturgeschichte* und die Dissertation *Über die Affekte* werden ausschließlich nach der Clarendon Edition zitiert. Die *Dialoge* werden unter Angabe von Teil und Seitenzahl nach der Ausgabe von Bell zitiert. Aus den *Essays* wird nach der Ausgabe von Miller zitiert.

1. Humes Schriften, Briefe und Aufzeichnungen

Derzeit erscheint bei Oxford University Press eine neue Gesamtausgabe der Werke Humes (The Clarendon Edition of the Works of David Hume). Bisher sind die folgenden vier Bände erschienen, teilweise auch als preisgünstige Studienausgabe (Clarendon Edition oder Oxford Philosophical Texts):

A Treatise of Human Nature, 2 Bde., hg. v. D. F. Norton und M. J. Norton, Oxford 2007. Die Ausgabe enthält zusätzlich den »Abstract of A Treatise of Human Nature«.

An Enquiry concerning Human Understanding, hg. v. T. L. Beauchamp, Oxford 2006.

An Enquiry concerning the Principles of Morals, hg. v. T. L. Beauchamp, Oxford 2006.

A Dissertation on the Passions / The Natural History of Religion, hg. v. T. L. Beauchamp, Oxford 2007.

The Philosophical Works of David Hume, hg. v. T. H. Green u. T. H. Grose, 4 Bde., London 1874/75; ND Aalen 1964.

A Treatise of Human Nature, hg. v. L. A. Selby-Bigge, Oxford 1888, 2. Aufl., durchges. v. P. H. Nidditch, Oxford 1978.

Dialogues Concerning Natural Religion, hg. v. M. Bell, London 1990.

Enquiries Concerning Human Understanding and Concerning the Principles of Morals, Nachdruck der posthumen Ausgabe von 1777, hg. v. L. A. Selby-Bigge, 3. Aufl., durchges. v. P. H. Nidditch, Oxford 1975.

Essays Moral, Political and Literary, hg. v. E. F. Miller, Indianapolis 1987. - Die Ausgabe enthält zusätzlich Humes kurze Autobiografie *My Own Life* und den Brief, den Adam Smith nach Humes Tod an William Strahan geschrieben hat.

Four Dissertations, London 1757; ND Four Dissertations, mit einer Einleitung v. J. Immerwahr, Bristol 1992.

The History of England from the Invasion of Julius Caesar to The Revolution in 1688. Based on the Edition of 1778, with Author's Last Corrections and Improvements, 6 Bde., Indianapolis 1983.

An Historical Essay on Chivalry and Modern Honour, hg. v. E. C. Mossner, in: Modern Philology 45 (1947), S. 54-60.

Hume's Early Memoranda, 1729-1740: The Complete Text, hg. v.

E. C. Mossner, in: The Journal of the History of Ideas 9 (1948), S. 492–518.
The Letters of David Hume, 2 Bde., hg. v. J. Y. T. Greig, Oxford 1932; ND 1969.
New Letters of David Hume, hg. v. R. Klibansky u. E. C. Mossner, Oxford 1954; ND 1969.

2. Deutsche Übersetzungen

Abriß eines neuen Buches [...] (1740) / Brief eines Edelmannes an seinen Freund (1745), dt./engl., übers. und mit einer Einleitung hg. v. J. Kulenkampff, Hamburg 1980.
Dialoge über natürliche Religion, übers. v. F. Paulsen, neu bearb. u. hg. v. G. Gawlick, Hamburg 1993.
Dialoge über natürliche Religion, übers. u. hg. v. N. Hoerster, Stuttgart 1981.
Die Naturgeschichte der Religion / Über Aberglaube und Schwärmerei / Über die Unsterblichkeit der Seele / Über Selbstmord, übers. u. hg. v. L. Kreimendahl, Hamburg 1984.
Politische und ökonomische Essays, 2 Bde., übers. v. S. Fischer, mit einer Einleitung hg. v. U. Bermbach, Hamburg 1988.
Vom schwachen Trost der Philosophie, übers. von J. Kulenkampff, Göttingen 1997. – Die Ausgabe enthält Humes Essays über das Essayschreiben, den Epikuräer, den Stoiker, den Platoniker, den Skeptiker und über den Maßstab des Geschmacks.
Ein Traktat über die menschliche Natur, übers. v. Th. Lipps (1904, 1906), 2 Bde., neu hg. v. R. Brandt, Bd. I, Hamburg 1978, Bd. II, Hamburg 1989. – Die Ausgabe enthält eine ausführliche Bibliografie von H. F. Klemme.
Über Moral. Aus dem Englischen v. Th. Lipps, durchges. u. überarb. von H. Pauer-Studer. Kommentar von H. Pauer-Studer, Frankfurt am Main 2007. – Diese Ausgabe des dritten Buches des *Traktats* enthält neben einem Kommentar auch Hinweise zur Rezeptionsgeschichte und zur aktuellen Forschungslage zu Humes Moralphilosophie sowie eine kommentierte Bibliografie.
Eine Untersuchung über den menschlichen Verstand, übers. von H. Herring, hg. v. F. Wunderlich, Stuttgart 2011. – Zweisprachige Ausgabe. Herrings Übersetzung bezog sich ursprünglich nur auf

die von Hume teilweise stark gekürzte Ausgabe von 1777. Wunderlich hat den Text jedoch um die ausführlicheren Passagen früherer Ausgaben erweitert.
Eine Untersuchung über den menschlichen Verstand, übers. von R. Richter, neu hg. v. J. Kulenkampff, Hamburg 1993. - Diese Ausgabe enthält auch Humes kurze Autobiografie.
Eine Untersuchung über den menschlichen Verstand, übers. v. R. Richter, durchges. u. überarb. v. L. Wiesing. Kommentar v. L. Wiesing, Frankfurt am Main 2007. - Diese Ausgabe enthält neben dem Kommentar auch Hinweise zur Rezeptionsgeschichte und zur aktuellen Forschungslage zu Humes theoretischer Philosophie sowie eine kommentierte Bibliografie.
Eine Untersuchung über die Prinzipien der Moral, übers., mit einer Einleitung und Anmerkungen hg. v. M. Kühn, Hamburg 2003.
Eine Untersuchung über die Prinzipien der Moral, übers. und hg. v. G. Streminger, Stuttgart 1984. - Der Verlag plant derzeit eine neue, zweisprachige Ausgabe.
Eine Untersuchung der Grundlagen der Moral, eingel., übers. u. erl. v. K. Hepfer, Göttingen 2002.

3. Bibliografien

Neben den bereits genannten Teil-Bibliografien von Klemme, Pauer-Studer und Wiesing sei auf die fortlaufend ergänzte Bibliografie der von der Hume Society herausgegebenen *Hume Studies* hingewiesen: Hume Studies 1 (1975 ff.)

4. Sekundärliteratur

Die Sekundärliteratur zu Hume ist selbst für Experten schwer zu überschauen. An dieser Stelle können daher nur einige besonders einschlägige Monografien und Sammelbände sowie nach wie vor gut verfügbare Einführungen genannt werden.

Árdal, P. S.: Passions and Value in Hume's Treatise, Edinburgh ²1989. - Ein Standardwerk zu Humes Affekttheorie.
Ayer, A. J.: Hume, Oxford 1980.

Baier, A. C.: A Progress in Sentiments. Reflections on Hume's Treatise, Cambridge/Mass., London 1991.

Beauchamp, T. L. / Rosenberg, A.: Hume and the Problem of Causation, New York 1981.

Blackburn, S.: How to read Hume, London 2008.

Brandt, R. / Klemme, H.F.: David Hume in Deutschland, Marburg 1989.

Bricke, J.: Mind and Morality. An Examination of Hume's Moral Psychology, Cambridge 1996.

Buckle, S.: Hume's Enlightenment Tract: The Unity and Purpose of an Enquiry Concerning Human Understanding, Oxford 2004.

Capaldi, N.: David Hume: The Newtonian Philosopher, Boston 1975.

Capaldi, N.: Hume's Place in Moral Philosophy, New York 1989.

Chappell, V. C. (Hg.): Hume. A Collection of Critical Essays, London 1968.

Flew, A.: David Hume. Philosopher of Moral Science, Oxford, New York 1986.

Flew, A.: Hume's Philosophy of Belief. A Study of His First Enquiry, London, New York 1969.

Garrett, D.: Cognition and Commitment in Hume's Philosophy, Oxford 2002.

Gaskin, J. C. A.: Hume's Philosophy of Religion, London 1978.

Gawlick, G. / Kreimendahl, L.: Hume in der deutschen Aufklärung. Umrisse einer Rezeptionsgeschichte, Stuttgart 1997.

Gräfrath, B.: Moral Sense und praktische Vernunft. David Humes Ethik und Rechtsphilosophie, Stuttgart 1991.

Hepfer, K.: Motivation und Bewertung. Eine Studie zur praktischen Philosophie Humes und Kants, Göttingen 1997.

Kemp Smith, N.: The Philosophy of David Hume. A Critical Study of its Origins and Central Doctrins, London 1941; ND Houndmills 2005. – Ein Standardwerk, das der Hume-Forschung im 20. Jahrhundert eine völlig neue Richtung gab.

Klemme, H. F.: David Hume zur Einführung, Hamburg 2007.

Kreimendahl, L.: Humes verborgener Rationalismus, Berlin 1982.

Kulenkampff, J.: David Hume, München 1989.

Kulenkampff, J. (Hg.): Eine Untersuchung über den menschlichen Verstand, Berlin 1997.

Loeb, L.: Stability and Justification in Hume's Treatise, Oxford 2002.

Lüthe, R.: David Hume. Historiker und Philosoph, Freiburg, München 1991.

Mackie, J. L.: Hume's Moral Theorie, London 1980. – Eine der einflussreichsten Untersuchungen zu Humes Moralphilosophie.

Millican, P. (Hg.): Reading Hume on Human Understanding: Essays on the First Enquiry, Oxford 2002.

Mossner, E. C.: The Life of David Hume, Edinburgh 1954, Oxford 1980.

Norton, D. F. (Hg.): The Cambridge Companion to Hume, Cambridge 1993.

Norton, D. F.: David Hume: Common-Sense Moralist, Sceptical Metaphysician, Princeton 1982.

Penelhum, T.: Hume, London 1975.

Price, J. V.: David Hume, Boston 1991.

Read, R. / Richman, K. A. (Hg.): The New Hume Debate, London, New York 2000.

Rohbeck, J.: Egoismus und Sympathie. David Humes Gesellschafts- und Erkenntnistheorie, Frankfurt am Main, New York 1978.

Schrader, W. H.: Ethik und Anthropologie in der englischen Aufklärung. Der Wandel der moral-sense-Theorie von Shaftesbury bis Hume, Hamburg 1984.

Strawson, G.: The Secret Connexion. Causation, Realism, and David Hume, Oxford 1989.

Streminger, G.: David Hume. Sein Leben und sein Werk, Paderborn 1994. – Ein umfangreiches Standardwerk, das neben einer detaillierten Biografie auch einen strukturierten Überblick über Humes philosophisches Gesamtwerk liefert.

Streminger, G.: David Hume mit Selbstzeugnissen und Bilddokumenten, Reinbek 2003. – Eine übersichtliche Kurzfassung des vorgenannten Werkes.

Stroud, B.: Hume, London 1977.

Townsend, D.: Hume's Aesthetic Theory. Taste and Sentiment, New York 2001.

5. Links

www.humestudies.org – die Seite der *Hume Studies*.

www.humesociety.org – die Seite der Hume Society.

www.oll.libertyfund.org/intros/hume.php, www.econlib.org/library/LFBooks/Hume/hmMPL.html, www.davidhume.org sowie www.gutenberg.org – hier finden sich digitalisierte Versionen der Schriften Humes.

plato.stanford.edu/entries/hume/ – einer der wenigen Online-Artikel zu Hume, die man guten Gewissens empfehlen kann.

Schlüsselbegriffe

Aberglaube (superstition) Neben der Schwärmerei eine der Entartungen der Religion. Sie entsteht aus Unwissenheit in Verbindung mit Furcht und Schwermut. Der Abergläubige glaubt an unsichtbare Mächte, die ihm schaden können und durch (faktisch sinnlose) Rituale besänftigt werden müssen.

Affekte (passions) Sekundäre Eindrücke, die von Hume in direkte und indirekte sowie in ruhige (calm) und heftige (violent) unterteilt werden. Direkte Affekte (Verlangen, Abneigung, Hoffnung, Furcht ...) entstehen unmittelbar aus Lust oder Unlust, indirekte (Stolz, Scham, Liebe, Hass ...) erfordern zusätzlich einen gedanklichen Gegenstand besonderer Art. Ruhige Affekte (ästhetische und moralische Empfindungen ...) lassen sich im Gegensatz zu heftigen eher an ihrer Wirkung als an ihrer Empfindungsqualität erkennen und werden daher oft für Wirkungen der Vernunft gehalten.

Assoziation (association) Verknüpfung zwischen zwei Perzeptionen derselben Art, die den unwillkürlichen Übergang von der ersten zur zweiten bewirkt. Im Bereich der Vorstellungen beruht sie auf den drei Prinzipien Ähnlichkeit (resemblance), Nähe in Raum und Zeit (contiguity) und Ursache/Wirkung (cause or effect). Eindrücke sind nur durch das Prinzip der Ähnlichkeit miteinander verknüpft.

Beweis (proof) Sicherer Erfahrungsschluss, der aus der wiederholten Beobachtung einer ausnahmslosen Regelmäßigkeit erwächst. Naturgesetze sind durch einen Beweis belegt.

Eigentum (property) Der durch gesetzliche Regelungen gesicherte Besitz (possession).

Einbildungskraft (imagination) Dasjenige Vermögen des Verstandes, das im Gegensatz zur Erinnerung weniger lebhafte Vorstellungen produziert. Eine Teilmenge der Prinzipien der Einbildungskraft, nämlich ihre allgemeinen, dauerhaften und unwiderstehlichen (permanent, irresistible, and universal) Prinzipien, bilden die Prinzipien der Vernunft.

Eindrücke (impressions) Die lebhaftesten Perzeptionen. Sie bilden die Grundbausteine der Erfahrung. Hume unterscheidet zwischen den primären Eindrücken der Sinneswahrnehmung (original impressions or impressions of sensation) und den sekundären Eindrücken der Selbstwahrnehmung (secondary or reflective impressions). Primäre Eindrücke (Schmerz, Hunger, Farbwahrnehmungen …) entstehen unmittelbar, sekundäre Eindrücke (Affekte …) gehen aus primären Eindrücken oder deren Vorstellung hervor.

Erinnerung (memory) Dasjenige Vermögen des Verstandes, das besonders lebhafte Vorstellungen produziert.

Freiheit (freedom) Frei sind wir nach Hume, wenn wir tun können, was wir wollen. Wenn unsere Motive die ausschlaggebende Ursache für das Ausführen einer Handlung sind, sind wir für diese Handlung verantwortlich, obwohl wir nicht frei entscheiden können, welche Motive wir haben wollen. Heute würden wir sagen: Menschen verfügen zwar nicht über Willensfreiheit, aber über Handlungsfreiheit.

Geschmack (taste) Das Vermögen, Dinge auf eine spezifische Weise als angenehm oder unangenehm zu empfinden. Neben dem sensorischen und dem ästhetischen Geschmack gibt es nach Hume auch einen moralischen Geschmack.

Gewohnheit (custom) Die wiederholte Erfahrung einer mehr oder weniger konstanten Regelmäßigkeit. Sie erzeugt Glauben.

Glaube (belief) Ein Gefühl, das bestimmte Vorstellungen begleitet, sie lebhafter macht und so die Unterscheidung zwischen echten Überzeugungen und bloßen Fiktionen, Fantasien und unsicheren Vermutungen ermöglicht.

Grundgesetze des Naturrechts (fundamental laws of nature) Die in jeder Gesellschaft grundlegenden und unverzichtbaren Konventionen zur Sicherheit des Besitzes, zur Übertragung von Eigentum und zur Einhaltung von Versprechen.

Induktionsproblem Induktive Schlüsse von in der Vergangenheit beobachteten Regelmäßigkeiten auf zukünftige Ereignisse sind nur auf Grundlage der Annahme möglich, dass die Zukunft von denselben empirischen Prinzipien bestimmt sein wird wie die Vergangenheit. Diese Annahme lässt sich jedoch weder a priori noch a posteriori beweisen. Humes Antwort auf das Induktionsproblem ist sein Verweis auf das natürliche Prinzip der Gewohnheit.

Kausalität (causality) Die Beziehung zwischen zwei Ereignissen (Ursache und Wirkung), deren Vorstellungen aufgrund der wiederholten Erfahrung ihres regelmäßigen gemeinsamen Auftretens derart eng miteinander verknüpft sind, dass das Denken genötigt wird, von der Vorstellung des ersten Ereignisses zur Vorstellung des zweiten (oder umgekehrt) überzugehen. Eine für uns erkennbare notwendige Verknüpfung besteht nach Hume damit nicht zwischen den Ereignissen, sondern zwischen unseren Vorstellungen der Ereignisse, also nicht in der Welt, sondern im Denken.

Konvention (convention) Übereinkunft, durch die sich verschiedene Menschen stillschweigend oder ausdrücklich auf gemeinsame Verhaltensregeln festlegen. Die wechselseitige Befolgung der Konvention bringt dabei allen Vorteile.

Moralisches Gefühl (moral sentiment) Im engeren Sinne der ruhige Affekt der moralischen Billigung oder Missbilligung (approbation/disapprobation). Im weiteren Sinne kommen als moralische (bzw. moralisch relevante) Gefühle auch andere Empfindungen wie etwa Wohlwollen in Betracht.

Natürliche Glaubensinhalte (natural beliefs) Nach Kemp Smith diejenigen Überzeugungen, an denen wir von Natur aus festhalten, ohne dafür rationale Gründe angeben zu können (Existenz der Außenwelt, lückenlose Geltung des Kausalprinzips).

Perzeptionen (perceptions) Oberbegriff für alle Bewusstseinsinhalte. Alle Gedanken, Fantasien, Erinnerungen, Überzeugungen, Gefühle, Affekte und Sinneswahrnehmungen sind Perzeptionen.

Schwärmerei (enthusiasm) Eine Entartung der Religion, die aus Unwissenheit in Verbindung mit Hoffnung, Vermessenheit und einer lebhaften Einbildungskraft entsteht. Der Schwärmer hält sich für einen Auserwählten Gottes und fasst eigene Fantasien als göttliche Zeichen und Anweisungen auf.

Selbstliebe (self-love) Eine starke Neigung, die Menschen unter anderem zur Entwicklung und Einhaltung von Konventionen treibt. Neben der Selbstliebe verfügen wir nach Hume jedoch auch über altruistische Neigungen, deren Stärke von der besonderen Beziehung abhängt, in der andere zu uns stehen.

Skeptizismus (scepticism) Das Prinzip des (methodischen) Zweifelns als philosophische Grundhaltung oder Lebensform. In seiner radikalen Form (Pyrrhonismus) lässt sich der Skeptizismus Hume zufolge nicht leben, in seiner gemäßigten Form (akademische Philosophie) ist er beim Philosophieren jedoch überaus nützlich.

Sympathie (sympathy) Ein Prinzip der menschlichen Natur, das aus der lebhaften Vorstellung der Befindlichkeit anderer in uns selbst den entsprechenden Eindruck entstehen lässt (Mitgefühl) und auf diese Weise zur Entstehung verschiedener Affekte beiträgt.

Tatsachen (matters of fact) Diejenigen Gegenstände der Vernunft, auf die bezogen wir nur unter Rückgriff auf die Erfahrung (a posteriori) zu Erkenntnissen gelangen können. Anders als im Fall der Vorstellungsbeziehungen ist das Gegenteil einer Tatsache stets vorstellbar (denkmöglich).

Tugenden (virtues) Charaktereigenschaften, die ihrem Träger oder denen, mit denen er Umgang hat, entweder angenehm oder nützlich sind. Natürliche Tugenden (Wohlwollen, Tapferkeit …) weisen diesen Vorteil in jedem Einzelfall auf. Der Vorteil künstlicher Tugenden (Gerechtigkeit, Keuschheit …) entsteht oft erst aus der allgemeinen Befolgung von Konventionen. Die wichtigsten Tugenden sind für

Hume die sozialen Tugenden, also diejenigen, die der Gesellschaft und dem menschlichen Zusammenleben nutzen.

Verbindlichkeit (obligation) Jede Form von Verbindlichkeit oder Verpflichtung wurzelt in einem Gefühl. Die natürliche Verbindlichkeit (natural obligation) wird durch Sympathie mit dem langfristigen Eigeninteresse des Handelnden konstituiert, die moralische Verbindlichkeit (moral obligation) durch Sympathie mit dem Nutzen, welcher der Gesellschaft oder ihren Teilen aus seinem Handeln erwächst.

Vernunft (reason) Diejenigen festen, zuverlässigen und allgemeinen Prinzipien des Denkens, die wahre Überzeugungen hervorbringen, sofern sie in ihrem Wirken nicht von weniger allgemeinen Prinzipien der Einbildungskraft gestört werden. Hume unterscheidet nicht zwischen Vernunft und Verstand (understanding).

Vorstellungen (ideas) Weniger lebhafte Perzeptionen. Einfache (simple) Vorstellungen sind stets die Kopie eines Eindrucks. Sie können von der Einbildungskraft zu komplexen (complex) Vorstellungen zusammengesetzt werden (Beispiel: Pferd + Horn = Einhorn).

Vorstellungsbeziehungen (relations of ideas) Diejenigen Gegenstände der Vernunft, auf die bezogen wir (anders als im Fall von Tatsachen) durch bloßes Nachdenken (also a priori; ohne Erfahrung) zu Erkenntnissen gelangen können (Geometrie, Algebra, Arithmetik).

Wahrscheinlichkeit (probability) Nach Wissen und Beweis die unsicherste Form der Erkenntnis, die stets einen Rest Zweifel enthält. Hume unterscheidet zwischen der Wahrscheinlichkeit des Zufalls (probability of chances; Beispiel: bei einem Würfelwurf ist es wahrscheinlicher, dass keine 6 fällt, als dass sie fällt) und der Wahrscheinlichkeit der Ursachen (probability of causes; Beispiel: Rhabarber wirkt meistens abführend, aber nicht immer). Unsere Unsicherheit beruht hier auf unvollständigen Informationen über die relevanten Wirkursachen. Zufälle gibt es nach Hume nicht.

Wissen (knowledge) Überzeugungen, deren Wahrheit (ohne Rückgriff auf Erfahrung) durch den Vergleich von Vorstellungen entweder intuitiv eingesehen (2 = 2) oder demonstriert (Satz des Pythagoras) werden kann.

Wunder (miracle) In Abgrenzung zu bloß außergewöhnlichen Ereignissen der faktische Bruch eines Naturgesetzes. Im Fall von religiösen Wundern wird zusätzlich behauptet, Gott habe das Naturgesetz (vorübergehend) außer Kraft gesetzt.

Zeittafel

1711 Am 26. April (nach gregorianischem Kalender am 7. Mai) wird David Home (seinen Nachnamen änderte er später zu »Hume«) als jüngstes von drei Kindern in Edinburgh geboren. Sein Vater Joseph Home of Ninewells ist Anwalt in Edinburgh. Seine Mutter Katherine, eine geborene Falconer, ist die Stiefschwester seines Vaters. Die Familie wohnt zeitweise in Edinburgh, zeitweise in Ninewells.

1713 Tod des Vaters. Das Gut der Familie in Ninewells und den Adelstitel erbt Humes älterer Bruder John. David und seine Geschwister werden von ihrer tiefreligiösen Mutter und unter dem Einfluss ihres Onkels George, des örtlichen Gemeindepfarrers, calvinistisch erzogen.

1723–29 Hume besucht Vorlesungen an der Universität Edinburgh, wo er sich mit alten Sprachen, Philosophie und Literatur beschäftigt. 1726 nimmt er auf Wunsch der Familie das Studium der Rechte auf. Beginn der Freundschaft mit Henry Home (Lord Kames). Hume gibt zu dieser Zeit das Christentum auf und bricht sein Studium 1729 ohne Abschluss ab, um sich nur noch der Philosophie zu widmen.

1729–34 Mehrere Phasen schwerer Depression, die Hume auf eine falsche (stoische) Art des Philosophierens zurückführt. Er wendet sich der empirischen Erforschung des Menschen zu.

1734 Hume arbeitet für kurze Zeit als Schreiber für einen Kaufmann in Bristol, gerät mit diesem jedoch in Streit, da er wiederholt Stil und Rechtschreibung seines Arbeitgebers verbessert. Er ändert die Schreibweise seines Namens von »Home« zu »Hume«, damit die Engländer ihn korrekt aussprechen.

1734–37 Aufenthalt in Paris, Reims und La Flèche. Nahe des Jesuitenkollegs, an dem René Descartes erzogen wurde, arbeitet Hume an seinem *Traktat*.

1737–39 Hume überwacht in London die Drucklegung der ersten beiden Bücher des *Treatise of Human Nature*, die 1739 anonym erscheinen. Im ersten thematisiert er den Verstand, im zweiten die Affekte. Der erhoffte Erfolg bleibt jedoch aus.

1739 Rückkehr nach Schottland. Begegnung mit Francis Hutcheson. In den folgenden Jahren pflegt Hume Kontakte zu den wichtigsten Vertretern der schottischen Aufklärung.

1740 Hume überwacht die Drucklegung des dritten Buchs seines *Traktats* in London, das seine Moraltheorie enthält. Es erscheint noch im selben Jahr, ebenso wie der *Abstract of a Book lately published* …, ein kurzer Abriss des ersten Buches des *Traktats*, durch den Hume vergeblich auf sein unbeachtet gebliebenes Werk aufmerksam zu machen hofft.

1741 Der erste Band seiner *Essays, Moral and Political* erscheint. Die Essays beinhalten Aufsätze zu verschiedenen Themen. Der zweite Band erscheint im folgenden Jahr. In späteren Ausgaben wurden manche Essays entfernt, andere kamen hinzu.

1745 Tod der Mutter. Humes Bewerbung um einen philosophischen Lehrstuhl in Edinburgh scheitert, unter anderem aufgrund von Atheismusvorwürfen. Auch Humes *Letter from a Gentleman to his Friend in Edinburgh*, den Henry Home ohne Ermächtigung veröffentlicht, kann dies nicht verhindern.

1745–46 Hume wird Tutor des geistesgestörten Marquis of Annandale in St. Albans bei London.

1746 Teilnahme an einer militärischen Expedition nach Frankreich als Sekretär von General Sinclair.

1747 Rückkehr nach Schottland.

1748 Reise an die Höfe von Wien und Turin als Begleiter Sinclairs, bei der Hume auch mehrere deutsche Städte besucht. Mit der *Enquiry concerning Human Understanding* (bis 1758 noch *Philosophical Essays concerning Human Understanding;* auch als erste *Untersuchung* bekannt) erscheint eine teils erweiterte, teils gekürzte Neufassung des ersten Buchs des *Traktats*. Im selben Jahr werden auch *Three Essays* veröffentlicht (*Of the Original Contract*, *Of Passive Obedience*, *Of National Charakters*).

1749 In Schottland lernt Hume Adam Smith kennen.

1751 Die *Enquiry concerning the Principles of Morals* (zweite *Untersuchung*) erscheint, eine komplett überarbeitete Neufassung des dritten Buches des *Traktats*. In Edinburgh wird Hume Sekretär der Philosophischen Gesellschaft.

1752 Die *Political Discourses* erscheinen, eine Sammlung von Aufsätzen zu Politik und politischer Ökonomie. Die Bewerbung um einen philosophischen Lehrstuhl in Glasgow schlägt fehl. Hume wird Bibliothekar am Juristenkolleg in Edinburgh.

1754 Der erste Band der *History of England* wird veröffentlicht; weitere Bände folgen 1757, 1759 und 1761. Obwohl Humes Geschichtsdarstellung aufgrund seiner Unparteilichkeit zunächst von allen Seiten kritisiert wird, wird er durch dieses Werk zum bestbezahlten Autor Großbritanniens und erlangt finanzielle Unabhängigkeit.

1755-56 Versuche der Kirche Schottlands, Hume exkommunizieren zu lassen, scheitern.

1757 Die *Four Dissertations* werden publiziert (*The Natural History of Religion*, *Of the Standard of Taste*, *Of Tragedy* und *Of the Passions*, eine gekürzte Neufassung des zweiten Buchs des *Traktats*). Hume gibt die Stelle als Bibliothekar auf, unter anderem wegen Streitigkeiten über von ihm bestellte Bücher. Sein Gehalt hatte er bereits seit längerer Zeit einem blinden Dichter gespendet.

1758 Treffen mit Edmund Burke und Benjamin Franklin.

1761 Humes sämtliche Schriften werden vom Vatikan auf den Index Librorum Prohibitorum gesetzt.

1763-65 Hume wird Sekretär des englischen Botschafters Graf Hertford in Paris; für vier Monate ist er alleiniger Geschäftsträger der englischen Botschaft. Als Autor und Philosoph gefeiert, freundet sich Hume mit zahlreichen Vertretern der französischen Aufklärung an und entwickelt eine enge Beziehung zu Mme. Boufflers.

1766 Rückkehr nach London in Begleitung des unter Verfolgungswahn leidenden Jean-Jacques Rousseau. Ihre Freundschaft endet in einem letztlich öffentlich ausgetragenen (Brief-)Streit.

1767-68 Hume wird Unterstaatssekretär im Londoner Außenministerium. Zu seinem besonderen Vergnügen ist er in dieser

Funktion mitverantwortlich für die Organisation der Kirk (Kirche Schottlands).

1769 Rückkehr nach Edinburgh, wo er mit seiner Schwester Katherine zusammenlebt.

1769–76 Überarbeitung aller Schriften (außer *Traktat*). Humes Gesundheitszustand verschlechtert sich.

1776 Am 4. Juli, dem Tag der Amerikanischen Unabhängigkeitserklärung, gibt Hume ein Abschiedsessen für seine Freunde. Am 25. August stirbt er in Edinburgh – zur großen Enttäuschung seiner religiösen Gegner in völliger Seelenruhe.

1777 Posthume Veröffentlichung verschiedener Schriften, darunter die Essays *Of Suicide* und *Of the Immortality of the Soul* sowie die kurze Autobiografie *My Own Life*.

1779 Mit den *Dialogues concerning Natural Religion* wird Humes religionsphilosophisches Hauptwerk veröffentlicht, und zwar von Humes Neffen, da Adam Smith der im Testament geäußerten Bitte Humes um eine posthume Veröffentlichung der *Dialoge* aus Angst vor Repressionen nicht nachgekommen ist.